여왕들의 꿈과 리더십

세창역사산책 005
여왕들의 꿈과 리더십

초판 1쇄 인쇄 2018년 5월 1일
초판 1쇄 발행 2018년 5월 10일
–
지은이 하영애
펴낸이 이방원
기 획 이윤석
편 집 김명희 · 강윤경 · 홍순용 · 윤원진
디자인 손경화 · 전계숙
마케팅 최성수
–
펴낸곳 세창미디어
출판신고 2013년 1월 4일 제312-2013-000002호
주소 03735 서울특별시 서대문구 경기대로 88 냉천빌딩 4층
전화 02-723-8660 | 팩스 02-720-4579
이메일 edit@sechangpub.co.kr | 홈페이지 http://www.sechangpub.co.kr
–
ISBN 978 – 89 – 5586 – 519 – 6 04910
ISBN(세트) 978 – 89 – 5586 – 492 – 2

이 도서의 국립중앙도서관 출판시도서목록(CIP)은 서지정보유통지원시스템 홈페이지(http://seoji.nl.go.kr)와 국가자료공동목록시스템(http://www.nl.go.kr/kolisnet)에서 이용하실 수 있습니다. (CIP제어번호: CIP2018013088)

세창역사산책 005

여왕들의 꿈과 리더십

하영애 지음

세창미디어 MEDIA

이 책의 출발점이 된 논문은 1995년 중국 북경에서 개최된 세계 제4차 여성대회에서 한국을 대표하여 발표한 "한국 신라 세 여왕의 전통문화와 리더십"이다. 하지만 책은 신라 세 여왕의 연구와 관련하여 기존의 학술적인 면에서 독자들에게 좀 더 쉽고 이해할 수 있도록 구성하는 데 중점을 두었다. 더욱이 직접 촬영한 사진과 학술 용어와 한자어의 풀이로 여왕에 대한 친근감을 더 하였다.

책을 준비하며 최근에 방문한 경주는 매서운 추위에도 고고한 자태를 뽐내고 있었다. 특히 선덕여왕이 건립한 황룡사 9층 목탑은 주위의 9개 국가, 예컨대 1층은 일본, 2층은 중국, 3층은 오월 등 각국의 침략에 대비하여 만든 것이었는데 고려시대 몽골의 침략으로 불에 타 소실되었다. 현대에 와서 이를 복원한 황룡사 9층 목탑의 모형은 호국을 넘어 그 아름다움과 정교함으로 당시 얼마나 많은 공을 들여 이 탑을 완성하였는가를 실감케 해 주었다.

경주는 선덕여왕대에 건립된 최초의 천문대라고 하는 첨

성대를 비롯하여 불국사, 석굴암, 양동마을 등 세계문화유산에 등재된 가장 많은 문화재를 가지고 있는 지역이다. 이러한 연유로 해외의 많은 관광객이 끊임없이 찾는 곳이기도 하다. 그러나 안타깝게도 최근에 일어난 지진으로 관광객이 많이 줄었다고 한다. 모쪼록 이 책을 계기로나마 천년고도의 경주, 최초의 여성국왕을 비롯하여 3명의 여왕을 탄생시킨 경주로의 즐거운 여행과 관광고적지로의 산책에 나서는 분들이 많아지길 기원한다.

책은 선덕, 진덕, 진성여왕과 함께 중국의 측천 여황제를 다루었다. 중국 청화대학교에 방문교수로 가 있던 중 선덕과 측천을 비교하고 싶었다. 그래서 2011년 2월 4일 음력 설날 아침에 북경에서 시안(西安)으로 가는 열차에 올랐다. 수십 년간 중국을 갔지만, 열차는 그때가 처음이었다. 왕복 22시간이 소요되는 긴 여정으로 몸은 지쳤지만 두 여성지도자를 연구하고 싶은 열정은 겨울의 추위마저 녹여냈다. 이처럼 측천을 살펴보고자 했던 것은 현대의 여성상에서 여성의 정치참여와 지도자로서 해야 할 역할을 살펴보는 데 중요한 실마리가 될 수 있기 때문이었다.

돌아보면, 8년간 유학을 떠나며 떼어 놓았던 돌 지난 아이, 그 아이를 튼튼하게 길러 주시고 이제는 90살이 넘어 버리신 시어머님, 예나 지금이나 모든 일을 도와주는 남편 백건표에게 항상 감사함과 사랑을 드린다. 그리고 사진촬영을 위해 중요한 행사일정도 뒤로 미루고 안강부터 현곡 경주 일대를 자신의 차량으로 운전하며 도와준 친구 신동우와 선덕여왕 경모회 회장 황명강에게 고마움을 전한다. 또한, 이 글이 학술 논문을 벗어나 많은 독자에게 폭넓게 읽힐 수 있도록 배려해 주신 세창미디어 사장님을 비롯한 관계자분들께 진심으로 감사를 드린다. 끝으로 이 책은 선덕여왕과 비교하면 상대적으로 연구가 부진하였던 진덕여왕에 중점을 두었음을 밝힌다.

차 례

1장
왜
여왕인가?

우리나라의 여왕들

한 국가의 통치권자가 발휘하는 정치리더십은 국가의 흥망성쇠가 달려 있기 때문에 동서고금을 막론하고 대단히 중요하다. 즉, 누가 정치권력을 행사하느냐? 누가 지배하느냐에 따라 국익과 국민 모두에게 중대한 일이기 때문이다. 세계적으로 뛰어났던 여왕으로는 결단력과 지혜 그리고 미모를 갖춘 이집트의 클레오파트라(BC69-BC30) 여왕과 스페인을 물리치고 대영제국의 번성기를 마련한 엘리자베스 1세(1533-1603)여왕, 그리고 스웨덴을 유럽의 문명국으로 만든 크리스티나 여왕(1626-1689)을 들 수 있다.

반면 우리나라에서는 1300여 년 전 고대 신라에서 이미 여성국왕 선덕이 탄생하였고 그 뒤를 이어 진덕여왕이 통치권자로, 그리고 240여 년 후에는 진성여왕이 탄생함으로써 신라는 세 사람의 여성국왕을 배출하였다. 그러면 남성 위주의 왕들 가운데 탄생한 여왕들의 정치리더십은 어떠했을까? 만약 첫 여왕의 정치리더십이 유약하거나 미숙했다면 제2, 3의 여왕들이 탄생할 수 있었을까? 어느 시대를 막론하고 권력의 속성상 반역이나 권력쟁탈은 끊임없이 일어났는데 이들 여왕의 국정 장악력은 어떠했을까? 이러한 의문점은 한국 정치사는 물론 여성정치를 연구하는 사람들에게 커다란 지적 호기심을 갖게 하였다.

신라 여왕과 관련하여 기존의 연구를 살펴보면 『한국사 시민강좌』(일조각)에 실려 있는 정용숙의 「신라의 여왕들」, 이배용의 「한국역사 속의 여성들」, 김기홍의 「한국 최초의 여성 왕 선덕여왕의 리더십」, 임경빈의 「신라 진덕여왕대의 정치개혁—무열왕의 즉위와 관련하여」, 추만호의 「나말 선사들과 사회제세력과의 관계—진성여왕대의 농민반란에 주목하여」, 신형식의 「숙위학생 고」와 「삼국사기 연구」 등이 있다. 이 연구들은 대부분이 선덕여왕의 리더십과 진덕여왕 대의 정치개혁에 대해 다루고 있지 세 여왕 모두를 비교하여 다룬 것은 드물다. 특히 진덕여왕에 대해서는 그녀의 참모들에 대해서 더 많이 다루고 있다. 따라서 신라의 선덕, 진덕, 진성 세 여왕의 리더십을 종합적으로 비교하는 작업이 필요했다.

21세기는 여성이 각 분야에서 제 역할을 할 것으로 기대된다. 특히, 정치참여에서 여성들이 증가하고 있고 높은 수준의 교육을 받은 여성들의 능동성, 적극성과 더불어 섬세한 감성이 지도자의 리더십으로 주목받고 있다. 이제 우리는 고대 신라가 배출한 선덕, 진덕, 진성여왕과 그들의 치적 및 리더십을 더는 간과할 수가 없다. 선덕은 자신의 국왕 취임에 대하여 당태종의 '여주불능(女主不能)'이란 제재에도 불구하고 이를 뛰어넘어 국가안위를 탄탄하게 굳히는 독자적 리더십을 발휘하였고, 진덕은 중국 당나라와의 상호 호혜적 관계개선으로 국가적으로는 선진문물의 수입과 함께 백제를 견제하는 수단으로 대당 외교를 승화시켰다. 또한 개인적으로는 당나라 군주들과 인간적인 유대를 가짐으로써 강하고 섬세한 열정적 외교를 통해 신라를 발전시켜 나갔다. 뒤이어 진성여왕의 문화, 예술적 이상은 신라인들의 가(歌) 문화 발달에 실마리를 제공했으며 이러한 여왕들의 활동과 리더십은 연구를 거듭할수록 더욱 흥미를 갖게 해 준다.

따라서 세 여왕의 정치적 리더십을 비교 분석해 보는 것은 한국 정치사와 여성정치의 재조명에 필요한 작업이다. 특히 현대사회는 다양한 분야에서 여성이 두각을 나타내고 있다. 이 시점에서 신라 여왕들의 정치리더십은 한국 여성의 정치참여 활성화 차원에서 주목해 볼 가치가 있다고 생각한다.

중국의 측천 여황제

무후(武后), 무측천(武則天), 측천후(則天后), 측천제(則天帝), 측천여제(則天女帝), 측천여황(則天女皇) 등으로 불리는 측천무후(則天武后)는 중국 유일의 여황제이다. 690년, 스스로 황제가 되어 15년 동안 중국을 통치하였다. 한국에서는 '측천무후'로 불리지만 이것은 당나라 고종의 황후라는 호칭으로 여황제에게 적절치가 않다. 그래서 중국에서는 '무측천'이라고 불린다.

그녀와 우리나라의 세 여왕의 비교를 통하여 보이는 것은 크게 여성으로 강력한 리더십을 발휘하였다는 것과 뛰어난 정치술을 들 수 있다. 앞서 선덕여왕 당시의 즉위에서도 볼 수 있듯이 여성으로 왕이 된다는 것은 남성 위주의 정치에서 금기에 가까웠다. 무엇보다 왕을 보좌하는 신하들 대부분이 남성이었다는 점이다. 그래서 무측천을 비롯한 신라의 세 여왕도 즉위 후 자신의 세력 기반을 넓히는 데 주력을 한다. 이것은 남성의 경우도 별반 다르지 않지만, 동성이 아닌 이성으로서 최측근과 동조 세력을 이룩한다는 것은 많은 어려움이 따른다.

무측천의 경우, 당나라 고종의 황후로 정권을 장악하던 시절부터 반대파 척결에 주력하였다. 이후 여황제가 되어서는 더 엄격한 감시와 통제로 공포정치를 펼쳤다. 반대로 강력한 지도력 덕분에 행정과 국정 운영이 원활해 백성들의 생활은 안정되는 효과를 보았다.

그러면 최고의 지도자로서 세 여왕과 측천은 어떠한 정치리더십을 발휘했을까? 이를 위해 책에서는 다음에 중점을 두고 살펴보았다.

첫째, 여왕들의 자질은 어떠한가?

둘째, 여왕들의 권력쟁취 배경은?

셋째, 여왕들은 어떤 리더십 교육을 받았을까?

넷째, 여왕들의 인재등용과 그 활용은?

다섯째, 여왕들의 이상과 비전 및 실천은?

지도자와 정치리더십의 요건

일반적으로 리더십이란 조직의 목표를 효율적으로 달성하기 위하여 집단 구성원을 유도하는 행위를 의미한다. 그러나 정치리더십은 다르다. 정치리더십이란 대중과 조직의 지지를 얻어서 정치적 목적을 실현해 나가는 통치 기술이라고 할 수 있다. 또한 지도자의 개념은 기능적인 측면과 구조적인 측면으로 구분한다.

기능론이란 지도자의 행위가 집단에 어떠한 기능, 혹은 역기능을 초래하는가의 문제로서, 집단효과에 영향을 미치는 지도자의 기능에 중점을 두는 이론이다. 이러한 기능론은 '자질 유형적 접근법(Traitor approach)'과 '상황적 접근법(situational approach)'으로 나눌 수 있다. 자질 유형적 접근법은 지도자 개인의 자질의 관점에서 해석하며, 상황적 접근법은 리더십을 지도자와 추종자의 상황관계로 보고 집단이 처한 상황의 성격이 지도자 선택의 결정적 요인이 된다는 견해이다.

여기서는 신라 여왕들과 당나라의 측천이 정치 지도자로서 어떠한 기능을 발휘하여 신라와 당나라를 통치해 나갔는지, 특히 '자질 유형적 접근법'에 중점을 두고 살펴볼 것이다. 따라서 이 책에서의 정치리더십이란 국가와 백성을 위하여 통치자가 가져야 할 자질과 능력 그리고 통치기술을 의미한다.

모든 개인도 마찬가지이지만, 특히 정치지도자는 꿈과 비전을 가지고 있어야 국민이 살아가는 가치와 보람과 행복을 느끼고 또한 국가를 발전시키게 된다. 이 점에서 쓰루타니 교수와 정윤재 교수는 '이상과 비전, 정치적 안목과 기술, 엘리트 장악력'을 정치리더십의 세 가지 필수요건으로 꼽았다.

첫째, 정치지도자들은 이상을 성취하고자 하는 의지와 정열(commitment to modern ideals)**이 있어야 한다.**

정치지도자가 아무리 강력하게 지배하고 좋은 기술을 가지고 있다 하더라도 스스로 발전과 성취하고자 하는 진지한 의지를 갖추지 않았다면 성공할 수 없다. 그러나 정치지도자가 국가를 발전시키고자 하는 의지를 갖추고 적극적으로 여러 약점과 장애를 솜씨 있게 극복할 수만 있다면 성공

할 수 있다.

둘째, 정치지도자는 정치적 안목과 기술(political intelligence and skill)**이 있어야 한다.**

정치적 안목이란 근대적 목적의 성취에 필요한 수단과 방법에 대한 지식과 이를 제대로 평가할 수 있는 능력이며, 기술이란 국민의 지지를 늘리고 반대를 줄임으로써 그러한 안목을 구체적 행동프로그램으로 전환하는 능력이다. 이것은 마키아벨리가 말하는 여우의 지혜에 해당하는 것으로 정치지도자의 창조능력, 예견능력, 그리고 조작능력 등을 두루 포함하는 개념이지만, 그 의미와 내용이 상황에 따라 달라지기 때문에 하나의 분석적 범주로 개념화하기 쉽지 않다. 그러나 정치지도자에게 있어서 이는 대단히 중요시되는 요건이다.

셋째, 정치지도자들은 국내의 엘리트들을 장악해야 한다.

발전도상국의 정치리더십은 여타 엘리트들과의 관계에서 가치관 및 태도의 독자성뿐만 아니라 정치적·행정적 우위를 확립해야 한다. 비록 국내의 여타 엘리트에 대한 지배와 장악이 이미 확보되었거나 운 좋게 주어졌을 때, 이러한 우위가 제대로 지속할 것이냐의 문제는 전적으로 정치리더의 안목과 기술에 달려 있다. 어떠한 정치리더십이라도 엘리트들의 조직적 저항이나 체제전복의 위협을 받지 않는 가운데 근대화 프로그램을 수립하고 집행할 수 있을 만큼의 지배력은 확보해야만 한다. 이러한 지배력은 마치 마키아벨리가 말한 '군주의 행운(fortuna)'과 같은 것으로 정치리더십의 행동과 정책이 시작되는 출발점이라 할 수 있다.

이상의 세 가지 요건, 근대적 이상의 추구 의지, 정치적 안목과 기술 그리고 신하나 엘리트 장악력은 정치리더십의 필수요건이라고 할 수 있다. 더욱이 이 세 가지는 근대화를 지향하는 국가나 개발도상국 혹은 전환기사회에서 정치리더십 연구에 적용할 수 있는 이상적 연구방안이라 생각한다. 또한 시공간을 초월하여 신라시대 세 여왕과 당나라 측천의 정치리더십을 연구하고 평가하는 데 유용한 기준을 만들어 주었다.

2장 신라여왕의 정치리더십

세 여왕의 프로필 비교

정치적 리더의 특질이나 자질을 일괄적으로 묘사해 내기는 매우 어렵다. 왜냐하면 역사적인 상황과 정치 제도 등의 차이에 따라 정치가의 자질도 달라지기 때문이다. 그러면 당시 여왕들은 군주 역할을 어떻게 했을까? 이를 위해 동양에서 생각하는 제왕의 자질에 대해 살펴보자. 공자의 손자로 『중용』의 저자로 알려진 자사(子思)는 제왕이 갖추어야 할 아홉 가지 원칙을 다음과 같이 제시하였다.

1. 수신(修身): 자제력과 정서적 안정.

2. 존현(尊賢): 현자를 존경.
3. 친친(親親): 어버이와 형제를 친애.
4. 경대신(敬大臣): 대신을 공경.
5. 체군신(體群臣): 신하를 보살핌.
6. 자서민(子庶民): 서민을 자식처럼 사랑.
7. 내백공(來百工): 기술자를 모이게 함.
8. 유원인(柔遠人): 멀리 있는 사람과 교류.
9. 회제후(懷諸侯): 제후를 따르게 함.

이 원칙은 예나 지금이나 지도자가 갖추어야 할 덕목과 자질이다. 그러면 이러한 원칙에서 살펴볼 여왕들의 군주로서 역할과 자질은 어떠했을까? 세 여왕의 프로필을 요약해 보면, 세 여왕의 시대적 구분은 선덕이 27대, 진덕은 28대, 진성은 51대로 차례로 '덕만', '승만', '헌만'이라는 이름이 있다. 그리고 표에서 보는 것처럼 이들 세 여왕의 성격과 성품은 대조적이다.

선덕여왕은 너그럽고 인자하며, 사리에 밝고 민첩하였다. 그녀가 즉위 당시 세 가지 신비로운 일을 예측하였다는 지기삼사(知幾三事)로 보아 예리한 통찰력과 선견지명도 가진 것으로 생각된다. 지기삼사의 첫째는 당나라에서 모란

꽃 그림을 보내왔을 때 부친에게 목단 꽃이 예쁘기는 하나 향기가 없다고 예견하고 꽃씨를 심어 보니 과연 그러하였다. 둘째는 겨울에 개구리 모여 우는 것으로 백제군이 침입한 사실을 밝혀 섬멸하였다. 셋째는 자신이 죽을 날을 예언하여 장사를 지낼 장소를 지정하여 놓았다고 전한다.

반대로 진덕여왕의 성격은 강직한 카리스마를 가졌다고 볼 수 있다. 그녀는 즉위하자 반란을 일으켰던 비담과 그 일당 30여 명을 죽이고 반란을 평정한다. 이는 어쩌면 차후에 유사한 일이 발생하지 않도록 본보기를 보였을 가능성도 있다. 또한 당나라 황제의 간섭에도 불구하고 태화(太和)라는 독자적인 연호를 6년간 계속 사용한 강한 사명감과 자존심을 가진 국왕이었다.

그리고 시대를 격한 진성여왕의 성격은 자유분방하고, 솔직하고, 순수했다고 보인다. 그녀는 최고통치권자였지만 여성으로서의 본성을 숨기지 않고 드러내 당시 남성들의 선망이었던 점에서 이를 알 수 있다.

신라 세 여왕의 프로필 비교

구 분	선덕여왕	진덕여왕	진성여왕
이 름	덕만	승만 (Shirmala; 불교경전의 이름)	헌만
성 격	너그럽고 인자, 사리에 밝고 민첩, 통찰력과 선견지명	강직, 열정, 섬세, 사명감	자유분방, 솔직함(우유부단), 호색
용모 및 체격	미인형	풍만하고 아름다운 미인형, 키 7척	대장부 골상, 허약함
배우자	음 갈문왕(飮葛文王)	독신(?)	각간 위홍(혜성대왕)
재위 기간과 특이사항	27대(재위 632–647)	28대(재위 647–654)	51대(재위 887–897)
	26대 진평왕의 장녀, 전임 왕의 아들 없음	성골 신분으로 왕위 계승, 선덕여왕의 사촌	정강왕의 동생, 전임 왕 자녀 없음

자료출처: 『삼국사기』, 『삼국유사』 참조 후 저자 작성.

앞의 아홉 가지 원칙에 더하여 동서양 왕에게 중요시되는 요건 중에 하나가 건강한 신체와 체격이다. 그러면 남성과 달리 여성의 경우는 어떠할까? 여왕들을 여러 자료를 통해 비교해 보면, 먼저 선덕여왕은 신체 요건은 알 수 없으나 미인으로 묘사되고 있다. 그리고 진덕여왕은 자태가 풍만하고 아름다웠으며 키는 7척으로 기록되어 있다. 척(尺)을 현대의 길이로 환산하면 약 2m 10㎝로 여성의 체구로는 아주 큰 편이다. 하지만 『삼국사기』, 『삼국유사』에 있는 키는 왕의 권위와 위엄을 나타내기 위해 과장되었을 것으로 짐작된다. 이 점을 고려하더라도 진덕여왕은 여성으로서 상당히 큰 키의 소유자로 손이 무릎 밑까지 내려오는 체구를 가진 좀 특이한 체형임을 알 수 있다. 마지막으로 진성여왕은 조카 요에게 '등 위의 양쪽 뼈가 솟아오름이 나와 같다'고 한 말에서 골격의 특성 등이 짐작된다. 반면 건강에 대해서는 '왕이 병으로 편치 못하여 죄인을 사면하고 60인의 도승을 승낙하였더니 왕의 병이 나았다'(『삼국사기』 진성여왕편)는 기록과 최치원이 작성한 왕의 일정표라고 할 수 있는 「양위표(讓位表)」에 '오랫동안 병란에 시달린 데다 병마저 많아지고 보니'라는 기록들을 볼 때 병이 있거나 허약했음을 짐작할 수 있다.

세 여왕 중 선덕과 진성여왕의 배우자는 기록에 나오지만, 진덕여왕은 『삼국사기』나 『삼국유사』 등의 자료에서 보이지 않는다. 진덕여왕의 사생활은 여러 가지 다른 자료를 살펴보아도 배필이나 남성 관련 자료가 거의 없다. 아마도 추정해 보면 오늘날 현대 여성이 추구하는 커리어우먼의 성향을 가진 독신주의자로 생각된다. 이것은 여왕 자신이 손수 물레를 돌려 비단을 짜고 태평가를 지어 당나라 황제에게 보낸 열성에서 엿볼 수 있다.

마지막으로 진성여왕은 사생활, 특히 성생활이 방탕하다고 알려졌다. '각간 위홍과 정을 통하였고 위홍이 죽은 후에는 젊은 미남자를 몰래 불러들여 음란한 행동을 하고 이내 그들에게 요직을 주어 국정을 맡게 하였다'(『삼국사기』 진성여왕 편)는 기록이 있다. 그리고 이러한 그녀의 방탕함은 신라의 멸망을 재촉했다는 등 많은 비판을 받는다. 그러나 비판보다는 당시의 상황을 고려하여야만 한다. 당시 신라의 남녀성문화가 대단히 개방적이고 자유연애적인 환경의 영향을 받았다는 점과 비록 신분은 최고통치권자인 왕이지만 사적인 성생활에서는 한 사람의 인간일 수 있기 때문이다.

남성 중심 사회에서의 권력 쟁취

어느 시대와 국가를 막론하고 정치권력은 막강하다. 특히 권력의 쟁점에 있는 국왕의 권력은 더욱 강력하므로 신라 국왕으로서 여왕들의 권력 쟁취 배경은 중요하다. 이를 왕위 계승의 역사적 배경과 사회문화적 배경으로 파악해 본다.

1) 왕위 계승의 역사적 배경

우리는 선덕, 진덕, 진성 세 여왕이 아들이 없거나 남동

생이 없어서 왕위에 오를 수 있었다고 간단하게 생각할 수 있다. 그러나 권력의 속성상 세 여왕의 왕위 계승이 자연히 이루어진 것은 아니다. 특히 선덕과 진덕여왕의 즉위 전에 일어난 반란에서 여왕의 즉위가 당시에도 순탄한 것만은 아니었다는 것을 짐작할 수 있다.

진평왕 재위 말년 631년(진평왕 53)에는 이찬 칠숙(柒宿)과 아찬 석품(石品)이, 647년(선덕여왕 16)에는 상대등 비담(毗曇)이 여왕의 정치적 책임을 물으며 반란을 일으켰다. 주목할 것은 두 번의 반란이 모두 선덕과 진덕여왕이 즉위하기 전이라는 사실이다. 여기서 일본의 역사학자 이노우에 히데오(井上秀雄)는 '비담의 반란'이 중신들의 회의인 화백회의 결정에 불만을 품고 일어난 것이라고 보았다. 이것은 화백회의에서 선덕여왕의 퇴위를 결정하자 선덕여왕 측에서 일으킨 반란이라는 견해이다. 다른 연구에서 역사학자 이기동은 내물왕계(奈勿王系)의 씨족 회의에서 결정한 사항, 즉 선덕여왕의 폐위이거나 상대등 비담의 국왕 추대에 대하여 가야 출신의 김유신이 선덕여왕을 옹호함으로써 일어난 것으로 보았다.

이 같은 사실로 보면 여왕의 즉위에 반발한 세력을 구체적으로 알 수 없으나 진골 귀족들이라 짐작된다. 진평왕이 죽고 선덕여왕이 즉위할 당시에는 지증왕, 법흥왕으로 자리를 굳힌 성골 왕족의 뒤를 이을 남자는 없고 여자들만 남아 있었기 때문이다. 『삼국사기』에 나오는 성골남진(聖骨男盡)이란 사실은 이를 짐작게 한다. 그러면 선덕여왕에 뒤이은 진덕여왕의 권력쟁취는 어떻게 이루어졌을까? 선덕여왕과 배우자인 음 갈문왕 사이에 자녀가 없었을까? 만약 아들이 있었다면 진덕이 권좌를 쟁취할 수 있었을까? 『삼국사기』나 『삼국유사』에는 이들 자녀에 관한 언급이 없다. 이에 관해서는 신라의 왕위계승을 집필한 이종욱 교수의 연구가 설득력이 있다.

그는 선덕여왕과 음 갈문왕(飮葛文王, 갈문왕은 신라에서 혈통을 달리하여 왕위를 이은 왕의 생부나 왕의 장인 등을 가리키는 것으로 조선의 대원군이나 부원군과 같다) 사이에 자녀가 있었는지는 알 수 없으나, 설령 자녀가 있었더라도 그들은 성골로서 왕위계승권을 가질 수 없었을 것이라고 보았다. 그것은 진평왕 이후 성골 신분을 가진 사람들은 적어도 동륜태자의 가계에 속한 남자들이거나 1대에 한한 여자들이라는 점을 제시하였다. 부권제 사회에서 남자가 없을 때 여자는 1대에 한하여 남자와 동등한 자격을 가졌기 때문이다.

그래서 진덕여왕은 김씨이자 동륜태자의 가계에 속한 사

람으로 성골 신분을 가지고 있어 왕의 권좌를 물려받았다는 것이다. 『삼국사기』에 따르면, '제28대 진덕여왕은 선덕여왕의 뒤를 이은 왕으로서 이름은 승만이요 진평왕 어머니의 동생 갈문왕의 딸이니 선덕여왕과는 사촌 간이다'라고 명기하고 있다. 그리고 진덕여왕은 즉위하자 본인의 권력승계에 반란을 일으킨 비담과 그 무리 30여 명을 즉시 제거하고 9족을 멸한다. 이처럼 집권 초기에 강한 리더십을 발휘함으로써 정치지도자로서 위치를 굳건히 한다.

이와는 다르게 마지막 여왕인 진성여왕의 왕권계승은 저절로 얻게 되었다. 이는 선덕여왕이 아들이 없는 전임 왕의 맏딸이자 성골 왕족으로 여러 가지 영특함을 보이던 것과는 다르다. 진성여왕의 왕권계승은 전임 왕인 정강왕(재위 886-887)이 자식이 없이 서거하게 되자 그의 유언으로 이루어졌다. 과거 선덕, 진덕 두 여왕의 사례에 따라 진골 왕족으로 특별한 분란 없이 자연스럽게 왕위계승을 하게 되었고 여성으로서는 우리나라 마지막 왕이다. 이처럼 선덕, 진덕, 진성 세 여왕은 신라를 35년간 통치했다. 그러나 그 권력추구의 배경이 각각 달랐던 만큼 이들의 국정수행 능력도 다르게 나타난다.

여기서 잠시 살펴볼 것은 진성여왕에서 언급한 개인적

성생활이다. 당시의 신라는 현대의 가치관과는 다른 독특한 사회문화적 배경을 가지고 있었다. 남녀의 성문화와 모계 계승의 영향이 그것으로 신라시대 세 여왕이 탄생한 배경과 맥을 같이한다고 볼 수 있다.

2) 왕위 계승의 사회문화적 배경

– 신라시대 성(性)문화

신라시대의 남녀관계는 매우 개방적이고 자유로운 교제가 이루어져 연애의 자유를 마음껏 누린 듯하다. 가장 유명한 것은 삼국 통일의 영웅 진골 김유신 가문의 로맨스다. 김유신의 어머니 만명부인은 신라 진골 왕족으로 부친은 숙흘종(肅訖宗)이다. 지증왕의 증손녀이자 입종갈문왕의 손녀로서 진흥왕의 질녀였다. 만명은 신라의 명문 왕족으로서 금관국(金官國) 구현왕의 손자인 서현과 열렬한 연애를 했다. 더욱이 만명과 서현은 혼인도 하지 않은 채 부모의 명을 어기고 연애 도피생활을 하며 김유신을 낳는다. 이런 모습은 당시 신라의 자유 연애관을 짐작게 해 준다.

더 나아가 만명부인의 딸이자 김춘추의 부인인 문명왕후 문희의 연애담은 현대의 연애소설을 방불케 한다. 정실을 밀어내고 후실이 정실로 앉게 되는 사태는 불륜로맨스에 버금간다. 『삼국유사』를 빌려 간략하면, 김유신은 정략적으로 김춘추와 자신의 여동생을 소개해 임신까지 이어진다. 하지만 당시로서도 상류사회 진입은 쉽지 않아 많은 비난과 저항을 받게 되자 급기야 가문에 망신을 준 동생을 불태워 죽이는 작전을 편다. 때마침 이를 알게 된 선덕여왕의 조치로 김춘추는 김유신의 여동생 문희와 정식 결혼을 승낙 받게 된다.

두 가지 사례는 아마도 대표적인 신라 상류사회의 연애사건이라 짐작된다. 기록에는 남아 있지 않지만, 상류사회같이 서민사회도 같은 문화를 가지고 있지는 않았을까 예상을 해 본다. 또 다른 기록으로 우리에게 잘 알려진 「처용가」 역시 신라인들의 자유분방한 남녀관계를 잘 묘사하고 있다. 신라 헌강왕 때, 급간(級干) 처용의 절색 미인이었던 부인은 남편이 외출한 틈에 이 미모를 사모한 역신인(疫神人)과 정사를 맺는다. 더욱 놀라운 것은 이 광경을 목격한 남편인 처용이 자리를 비켜 주고 있다는 점이다.

신라사를 연구한 문경현 교수는 처용이 자기 아내의 부정행위를 예찬하는 것을 볼 때, 당시 신라인의 사고방식은 간통과 문란한 성행위를 부정한 행위로 느끼지 않고 아름다운 애정 행위로 받아들였다고 추측한다. 또한 여기서 신라 귀족계급들의 자유분방한 성의 개방과 철저한 성의 향락 추구를 엿볼 수 있다고 평가하고 있다.

귀족과 왕족의 연애, 성생활의 자유분방함으로 미루어 그들의 일상생활도 남녀가 평등한 생활을 했음을 짐작할 수가 있다. 이처럼 자유스럽고 개방적인 사고와 남녀평등의 사실은 신라사회에서 여성의 국가 공직 참여는 자유로운 일이었고 이로 인해 여성정치문화도 활발하였을 것으로 생각된다.

– 모계 계승

신라 세 여성국왕의 왕위 계승에 관해서는 부계 계승과 모계 계승의 두 이론이 맞서고 있다. 물론 이 분야에는 성골, 진골의 골품제 외에도 신라 왕위 계승에 대한 복잡한 가계가 있지만, 여기서는 여왕과 연관된 부분만을 살펴본다.

부계 계승에 대해서 이종욱 교수는 신라 세 여왕은 부권계승사회에서 아들이 없어서 발생한 특별한 경우라고 말한다. 즉 선덕과 진덕여왕이 즉위할 때 조상인 동륜태자의 3대 가계 안에 속한 남자들과 진평왕의 동생들인 진정(眞正), 진안(眞安) 갈문왕은 모두 죽고 후손으로는 여자들밖에 없었다. 당시의 풍습으로 여자인 경우에는 1대에 한해서 가능하였다는 것이다.

한편, 모계 계승으로 신라사를 연구한 문경현 교수는 신라의 경우 부계 상속제는 표면적인 제도로 내면적인 사회 제도인 모계 상속제가 원류를 이룬다고 주장한다. 신라의 선덕, 진덕, 진성 세 여왕이 당당히 왕위에 즉위하였던 사실을 들었다. 그뿐만 아니라 신라 고대의 왕위 계승은 아마도 무사장적(巫師長的)으로 여계 상속을 중심으로 한 왕이었다고 보았다. 시조인 박혁거세를 위시하여 고대 신라의 왕은 실제로는 여왕인 듯하며 이 왕은 '무사장왕' 또는 '처녀왕'이었으리라고 제시하였다.

또한, 신라 최대 왕릉인 대릉의 '황남동 제98호 무덤(황남대총, 표주박 모양의 돌무지덧널무덤)' 북쪽의 묘는 여성으로, 남쪽의 묘는 남성으로 밝혀졌다. 여기서 왕보다 왕비가 규모나 모든 면에서 더 화려하고 성대한 것으로 여성의 우위와 제사장적 지위를 설명할 수 있다고 보았다. 그리고 선덕, 진덕 여왕보다 1-2세기 전의 무덤으로 또 다른 여왕이 존재했거나, 왕의 아내로서가 아니라 여왕적인 성격을 가졌다고 파악하였다. 이것을 토대로 신라의 고대 왕위 계승이 여성 사제장계라는 학설을 제시하였다.

더욱이 많은 역사적인 사료에서도 당시 사찰 방문이나

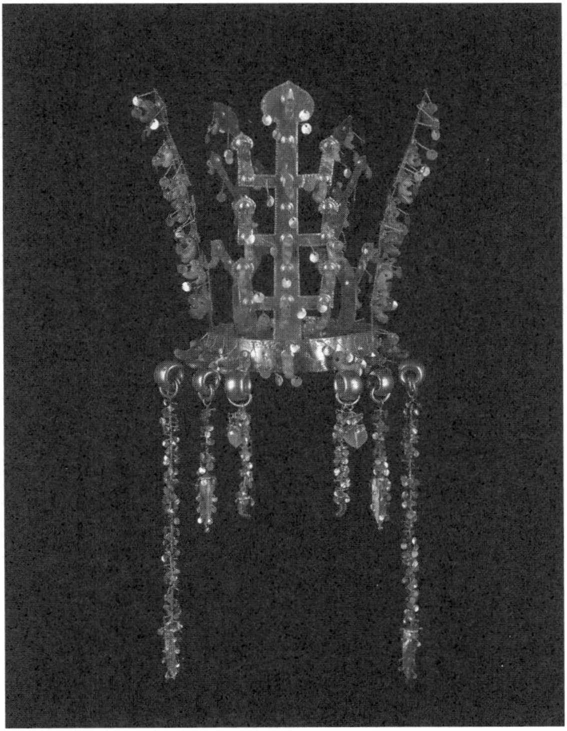

황남대총 북분 금관, 국립중앙박물관.
신라 왕족의 힘과 권위를 상징하고 있다. 이 금관은 나뭇가지 모양 세움 장식과 사슴뿔 모양의 세움 장식이 있는 전형적인 신라왕관 형태이다. 세움장식은 지상과 천상을 이어 주는 매개체인 나무를 상징화한 것이다. 금관에는 점렬 무늬와 곱은옥, 달개 등이 장식되어 있다. 국보 제191호로 여자의 무덤으로 알려진 경주 황남대총 북쪽 무덤에서 출토되었다.

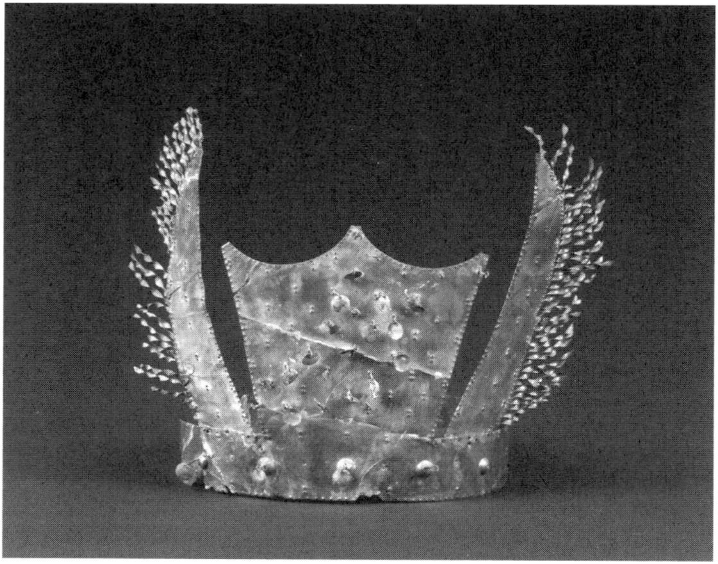

황남대총 남분 은관, 국립중앙박물관.

머리띠 위의 장식은 3개의 가지가 있는 형식으로 신라시대 관모(冠帽)에서는 보지 못하던 특이한 양식이다. 중앙 가지는 위에 돌기가 있고, 활 모양으로 휘어지며 위가 넓고 아래가 좁은 마름모 형태의 은판을 붙였다. 좌우에는 반달형 은판을 붙이고, 바깥쪽을 일정한 폭으로 오려 낸 다음 하나하나 꼬아서 새털 모양을 만들었다.

나들이에서 여왕 혹은 부인의 이름을 바위에 새겨 다녀간 흔적을 남겼다는 기록이 발견된다. 또한 사찰을 지을 때 비용을 누구 집 몇째 딸이 시주하여 지었다는 자료들로 보아, 당시 여성의 경제적 지위 또한 상당히 높았다고 여겨진다. 그러므로 신라사회의 모계 계승과 당시의 환경은 여왕의 즉위를 자연스럽게 받아들여지는 사회 분위기를 조성하였을 것이다. 이러한 '신라적 여성정치문화'에서 선덕에 이어 진덕이 신라 국왕으로 취임하고 여성으로서 독특한 카리스마로 국정을 운영하여 나갔다. 더욱이 엘리트 참모인 김춘추, 김유신 등의 인재들로 인하여 한반도 삼국 중에서 열세였던 신라를 강국으로 발전시킬 토대를 잡았다.

이처럼 여왕의 탄생은 남성 계승자가 없어 왕위를 받은 면도 있었지만, 당시 신라가 최고 통치자로 여성을 당연시하게 받아들였던 평등적 문화가 더욱 중요하다고 본다. 이것으로 보면 신라 이후 현재까지도 남아있는 남녀 차별은 여성 정치지도자들이나 여성 최고 지도자의 탄생을 가로막은 가장 중요한 요인이다.

국정 수행의 기본은 불교

여왕의 국가운영에 대한 지식이나 지혜는 어디에서 어떻게 구하였을까? 당시에는 불교 승려들이 참모진의 역할을 부분적으로 수행하였다. 한반도 삼국 중에서 뒤늦게 불교를 받아들인 신라였지만, 적극적으로 정치이념에 반영하고 쓰였다. 왕의 가계도에서도 이것을 발견할 수 있는데, 신라 24대 진흥왕(재위 534-576)의 태자였던 동륜의 아들이자 내물왕계 김씨의 순수혈통인 진평왕(재위 579-632)이 그렇다.

그의 이름은 부처인 싯다르타의 아버지 '백정(白淨)'이며 부인 또한 싯다르타의 어머니인 '마야부인(摩耶夫人)'이다. 진평왕의 형제들도 백반(白飯), 국반(國飯)이란 이름으로 부처인 싯다르타의 가문을 현세에 옮겨 놓은 것이다. 진평왕에 이어 27대 왕에 오른 선덕여왕의 이름인 덕만(德曼)은 불교식 이름으로 『열반경』에 등장하는 여신도이며 부처의 열반을 지켜보았다는 인물이다. 이처럼 불교식 이름이 왕실에서 쓰인 것으로 미루어 신라 정치에 불교의 영향이 얼마나 컸는지를 알려 준다. 그녀는 아버지의 업적을 이어 불교 진흥에도 힘을 많이 쏟았다. 분황사(芬皇寺, 634년)와 영묘사(靈廟寺, 635년) 등을 완성했고, 645년(선덕여왕 14)에는 자장법사(慈藏法師)의 요청을 받아들여 '황룡사 9층목탑'을 세웠다.

그러나 진덕여왕은 아이러니하게도 불교와 관련한 기록이 없다. 세 여왕 중 유독 불교경전 '시르말라(Shirmala)'를 본떠 지은 승만(勝曼)이란 이름에도 불구하고 불교와 관련하여 단 한 번 '왕이 친히 내을신궁(奈乙神宮)에 제사를 지냈다'라는 기록만을 볼 수 있다. 선덕여왕과 진성여왕이 각각 자장법사와 대구화상에게 국사를 논의했던 것과는 달리 독자적으로 카리스마적 리더십을 발휘하였다고 추측할 수 있다. 또한, '조직원으로서 잘 훈련되었고 불교에 치우치지 않는 이념 아래에 비밀결사단원의 자질도 갖춘 화랑도 출신들이 있었다'라는 기록이 있다. 이것으로 미루어 진덕여왕은 조직원 양성에서도 당시 국교인 불교에 치우치지 않고 국정활동을 하였음을 엿볼 수 있다.

반면, 진성여왕은 선덕여왕과 같이 불교 진흥에 적극적이었다. 황룡사에 백고좌(百高座, 100명의 승려가 100일 동안 설법을 하는 자리)를 열고 친히 나와서 설법을 들었다. 그리고 60인에게 도첩을 내려 승려가 되는 것을 허락하였고 직접 거동하여 연등을 관람하였다는 기록도 보인다. 무엇보다도 그녀의 이러한 불교생활은 자연스레 백성들의 생활에도 이어져 신라 향가집을 대구화상에게 편찬케 하였다.

원활한 통치를 위한 용인술

통치권을 가진 지도자라도 실제 통치권이 발휘되기 위해서는 신하를 적재적소에 배치하고 가지고 있는 능력을 충분히 발휘하게 하는 신하 장악력은 대단히 중요하다. 그리고 우수한 참모진을 활용하여 국사를 원활히 돌보며 자신의 통치기반 또한 굳건히 만드는 인재 등용은 예나 지금이나 정치의 주요한 핵심임은 두말할 필요가 없다. 그러나 능력 있는 신하나 참모일수록 그에 대한 국민의 신임과 인기가 통치권자를 초월하지 않도록 해야 하는 것도 주의를 기울이는 일이다.

여왕들은 어떻게 신하를 다루었을까? 이 점에 있어서 선덕과 진덕, 두 여왕은 가히 용인술의 귀재라고 할 수 있다. 그녀들은 김춘추에게는 대외 및 외교의 임무를 맡기고 김유신을 비롯한 많은 장군을 적재적소에 배치하는 등 위엄과 자상함을 갖춘 뛰어난 용인술로 훌륭하게 신라를 통치하였다. 선덕여왕은 신하를 부림에 있어 책임완수를 우선으로 삼았고, 목숨을 걸고 충성하는 부하에게 상을 우선하였다. 또한, 적진에 사로잡힌 부하 장수를 위해 결사대를 급파하여 목숨을 구해 오게 하는 군주로서의 용맹과 커다란 관용을 함께 지니고 있었다. 혹자는 선덕여왕의 리더십에 대해 지나친 "측근 위주의 통치행태를 낳았다"고 지적한다. 하지만 다른 면에서 보면 강압적이고 권위주의 리더십보다 측근을 활용하여 정치 집단을 조율한 것으로도 볼 수 있다. 당시의 관료들이 문과 무에서 고루 등용되었다는 점이 이를 뒷받침해 준다.

진덕여왕 역시 당나라와의 관계개선과 외교 분야에서 성공을 거두었다. 그녀는 김춘추를 당나라에 보내서 태종과 각별한 유대 관계를 쌓고 "백제가 근년에 침략이 끊이지 않으니 만약 폐하가 군사를 내어 악한 무리를 제거하지 않으면 저희 백성들은 다 사로잡히게 되어 앞으로 바다를 건너 조공을 할 것 같지 않습니다"라고 청하였다. 이에 감동한 태종은 백제를 공격할 원병의 출병을 허락한다. 여기에 김유신, 진춘, 천존 등의 장수들이 백제의 3성(茂山, 甘勿, 桐岺)을 쳐부수고 수많은 병기와 말 1만 필을 획득하는 전과를 올린다. 이것은 후대로 이어져 김춘추는 29대 무열왕(재위 654-661)으로 백제, 고구려 침략의 기틀을 세운다.

또한, 당나라는 사절단인 지절사를 보내 신라를 예우하였다. 그녀에게는 '계림 국왕'의 칭호를 부여하고 서거한 후에는 '당 고종이 상사(喪事)를 듣고 영광문에서 추도식을 올리고 대상승 장문수(張文收)를 사신으로 부절을 가지고 조문

케 하며, 개부의동삼사(開府儀同三司, 당나라 관직의 하나)를 추증하고 부의로 비단 300필을 하사하였다'(『삼국사기』 진덕여왕 편)는 기록이 있다. 이러한 당나라와의 관계에서 미루어 그녀와 당나라 군주들은 국가적 공무를 넘어 개인적으로도 인간관계를 형성하였다고 짐작된다.

반면, 진성여왕은 두 여왕과는 달리 용인술에서 실패했다고 할 수 있다. 물론 그녀는 '토황소격문(討黃巢檄文)'으로 유명한 당대의 학자 최치원에게 현재의 차관급인 아찬의 벼슬을 내린다. 그리고 그가 제시한 시국 개혁안 '시무십조(時務十條)'를 시행하여 반 경문왕계 진골세력을 견제하기도 했다. 하지만 자신과 가까이 지냈던 '젊은 미남자'들을 국사에 참여하게 하거나 중책을 맡게 함으로써 공과 사를 구분하지 못했다.

이처럼 화랑도를 국정에 활용하려는 측면도 있었으나 신라 말의 여러 정치적 정황들은 그녀의 인재등용 실책까지 겹쳐 결국은 왕위를 내놓게 되는 결과를 초래한다. 다음 장에서는 여왕들은 이상을 어떻게 실천하였는지 살펴본다.

3장

신라의 여왕들

앞에서 설명한 것과 같이 정치적 안목이란 근대적 목적의 성취에 필요한 수단과 방법에 대한 지식과 이를 제대로 평가할 수 있는 능력이며, 기술이란 국민의 지지를 늘리고 반대를 줄임으로써 그러한 안목을 구체적 행동프로그램으로 전환하는 능력이다. 그러나 이러한 정치적 안목과 기술을 적용하기 위하여 통치권자는 국가에 대한 원대한 꿈과 포부를 가지고 있어야 한다. 이러한 원대한 꿈은 개인뿐만 아니라 국가의 운명과도 연결되어 있다.

그러면 정치지도자로서 세 여왕의 이상과 비전은 무엇이었을까? 이에 관해서는 자료의 제한으로 그들이 왕권을 획

득한 후 전개한 업적을 중심으로 살펴볼 수밖에 없다. 그녀들의 이상과 비전을 선덕여왕의 '불교와 호국이상론', 진덕여왕의 '외교와 군사적 비전', 진성여왕의 '문화 예술적 비전'을 중심으로 살펴본다.

선덕여왕, 불교로 나라를 다스리다

선덕여왕은 고구려, 백제의 위협 속에 있는 신라를 어떻게 만들어야겠다고 생각했을까? 어떠한 바람이나 기대를 했을까? 그녀의 여러 치적과 남긴 유물로 살펴보면 자신의 개인적인 삶이나 국가운영이 불교와 밀접한 관계가 있음이 발견된다. 그녀는 국가에 대한 이상과 비전을 불교에서 찾았고 국사에도 적용하였다. 또한, 재임 시절 많은 불교 유적을 남긴 것으로 유명하다. 현재까지 남아 전하는 것으로 분황사(芬皇寺, 634)와 첨성대가 있고 영묘사(靈廟寺, 635)를 비롯하여 황룡사 9층 목탑은 흔적만이 남아 있다.

조범환 교수는 선덕여왕 시기에 석장사, 법림사, 분황사, 금광사, 영묘사, 영미사, 수원사, 만선동량, 도중사, 생의사, 금곡사, 법류사, 통도사, 대화사, 부개사, 항사사, 원녕사, 정암사, 효가원, 월정사, 초개사, 바라사, 황복사, 청림사,

경주 분황사, ©하영애.
현재 남아 있는 신라 석탑 가운데 가장 오래된 걸작품으로 돌을 벽돌 모양으로 다듬어 쌓아올린 모전석탑(模塼石塔)이다. 원래 9층이었다는 기록이 있으나 지금은 3층만 남아 있다.

경주 황룡사 9층 목탑 모형, ©하영애.
사진은 1238년(고려 고종 25) 몽고의 침입으로 모두 불타 모형으로 복원한 모습이다. 현재 황룡사 터는 사적 제6호로 지정되어 초석과 대좌만이 남아 있다.

복황사 등 25개의 사찰이 창건된 것으로 추정하였다.

현대의 천문대 성격인 첨성대 역시 선덕여왕 대에 축조되었다. 첨성대에 관해서는 과학적 차원의 천문관측대 기능과 주술적 역할을 했다는 상반된 견해가 있기는 하지만 천문관측에 더 비중을 두고 싶다. 지금은 흔적만 남아 있는 황룡사 9층 목탑은 부친인 진흥왕이 세운 황룡사 경내에 있는 탑으로 중국에서 불교를 익히고 돌아온 자장법사의 건의로 건립되었다. 황룡사는 경북 월성(月城)의 동북쪽에 궁궐을 짓는 도중 황룡이 나타났다는 말을 듣고 553년(진흥왕 14)에 시작하여 17년 만에 완성한 사찰이다.

자장법사는 귀국하여 선덕여왕에게 말하기를 "신인 도사가 말하기를 당신 나라는 여왕이 주인이니 덕은 있되 위엄이 없으므로 귀국하여 황룡사에 9층 목탑을 세우면 주위 9개국이 항복하고 왕권은 안정되리라"고 하며 목탑 건립을 건의한다. 그래서 탑은 1층은 일본, 2층은 중국, 3층은 오월 등 층마다 하나의 국가를 지칭하고 있다. 그리고 이러한 주변국들에 불교의 힘으로 위세를 보여 침입을 막고, 백성의 안위와 왕권의 위엄을 나타내고자 하는 염원을 담았다.

탑은 황룡사에 있는 장륙상(丈六像)과 진평왕의 천사옥대(天賜玉帶)와 함께 당시 신라 호국 삼보 중 하나가 되었다. 그러나 안타깝게도 황룡사와 황룡사 9층 목탑은 1238년(고려 고종 25) 몽골의 침입을 받아 불타 없어지고 옛터만 남았다. 『삼국사기』에 의하면 탑의 높이는 상륜부 42척을 포함하여 225척으로 기록되어 있으며, 고려시대 척도로 환산하면 약 80m에 달하는 거대한 탑이다. 고려시대 태조도 선덕여왕의 9층탑 건립을 본받아 개경과 평양에 사찰을 건립하였다.

– 전통적 덕치의 리더십

이처럼 선덕여왕이 불교를 통하여 자신의 이상과 신념을 다진 것은 부모의 영향이 크다. 앞서 살펴본 것처럼 아버지와 어머니, 자신의 이름까지 불교식으로 지었다. 이런 불교에 대한 영향과 함께 여성으로서 감성도 크게 작용했으리라 짐작된다. 자신을 짝사랑한 청년에 대해 몰래 팔찌를 남겨 놓은 일화나 홀아비, 과부, 고아, 자식 없는 늙은이들을 위문하고 구제한 자비심에서 그녀의 불교적 정치리더십을 엿볼 수 있다. 또한 세상을 떠날 때 유언으로 불교와 관련 있는 '도솔천'에 묻어 달라고 한 점은 그녀가 얼마나 불가(佛家)와 일치하려 했는가를 짐작할 수 있다.

그녀는 용병술에도 성공하여 인자함과 너그러움으로 자신의 추종자들을 이끌어 나갔다. 김유신, 김춘추 등의 뛰어

선덕여왕 추모행사, ⓒ하영애.
선덕여왕의 후손들은 매년 대구의 부인사와 경주의 '선덕여왕 경모회'에서 추모행사와 더불어 다양한 연구를 하고 있다.

난 인재를 높이 등용하여 국정을 다스렸으며, 이들이 위험에 빠졌을 때 적극적으로 구출하여 변함없는 충성심을 갖게 한다. 이러한 충신 엘리트 장악력으로 재위 기간에 있은 여러 반란과 위기를 극복한다. 선덕여왕의 통치업적은 정치리더십의 세 가지 요소인 군주의 이상과 의지 및 열정, 정치적 안목과 기술, 그리고 엘리트 장악력을 두루 갖춘 덕치의 리더십을 발휘하였다고 평가된다.

진덕여왕, 탁월한 외교를 펼치다

진덕여왕은 신라와 당나라를 종주국관계가 아닌 우호적이고 협력적이며 호혜국관계로 만들려는 원대한 이상과 포부를 지녔던 것 같다. 그녀는 강하면서도 부드럽게 당과의 외교관계를 개선해 나갔다. 이러한 여왕의 원대한 비전은 국제와 국내 정치로 나누어 볼 수 있다.

1) 국제 정치

신라 외교는 당나라와의 밀접한 관계에서 출발한다. 그러나 진덕여왕은 당나라와 수직관계가 아닌 우호적이고 협력적이며 호혜국 관계(互惠國 關係)로 만들려는 원대한 이상과 포부를 지녔던 것 같다. 그녀는 즉위 초기부터 부드럽게 당과의 외교관계를 개선해 나갔다. 우선 여왕즉위에 대해 당나라에서 먼저 여왕을 '계국 낙랑군 왕(桂國樂浪郡王)'에 책봉하였는데 이는 구당서에서도 확인된다(舊 唐書, 卷199. 上. 5334). 이는 전임 여왕의 '여주불능'과 비교하면 커다란 차이를 보이며 진덕여왕을 특별히 예우하고 있다. 이에 그녀는 직접 짠 비단에 태평가(太平歌)를 지어 당나라에 보내자 당 황제는 아주 기뻐하였다. 다음은 태평가 전문이다.

위대한 당나라가 왕업을 창건하매(大唐開洪業)
황제의 높은 포부 장하기도 하여라(巍巍皇猷昌)
문교에 힘을 써서 대대로 이을세라(修文繼百王)
하늘을 대신한 은혜도 장할시고(統天崇雨施)
만물을 다스려서 저마다 빛을 내었네(理物體含章)
끝없는 어진 덕은 해와 달과 조화되어(深仁諧日月)
시운을 어루만져 태평세월 지향하네(撫運護時康)
깃발은 어찌 그리 빛나게 나부끼며(幡旗何赫赫)
군악소리 유달리도 우렁차게 들리노나(鉦鼓何鍠鍠)
황제를 거역하는 외방의 오랑캐는(外夷違命者)
한칼에 멸망하여 천벌을 받으리라(剪覆被天殃)

밝고 어두운 데 없이 순박한 풍속이오(淳風凝幽顯)
먼 곳 가까운 곳 없이 다투어 하례하네(遐邇競呈祥)
사철 기후가 화창하여 서로 조화되고(四時和玉燭)
해와 달과 별들은 만방을 두루 도네(七曜巡萬方)
산신령은 어진 재상 점지하여 주시고(維岳降宰輔)
황제는 충량한 신하들을 신임하네(維帝任忠良)
삼황과 오제가 같은 덕을 이룬지라(五三成一德)
어화 우리 당나라에 길이 비치리로다(昭我唐家皇)

그뿐만 아니라 진덕여왕은 조공외교, 숙위외교, 청병외교를 정치적 안목을 가지고 기술적으로 추진해 나갔다.

- 조공외교

여왕은 조공을 통해서도 외교를 발전시켜 나갔다. 당시 당나라에 보낸 조공에 관해 살펴보면, 재임 8년 동안 9번의 사절단을 파견하였다. 이는 선덕여왕이 16년간 재임 시 10회의 조공을 보낸 것과 비교해 진덕여왕이 당나라와의 외교관계에 얼마나 주력했는가를 보여 준다. 나·당 외교에 대한 이상과 비전은 당나라와도 코드가 잘 맞아 여왕의 즉위를 황제가 먼저 책봉을 서두른 점에서 신라의 외교적 위상이 높았음을 알 수 있다.

아울러 조공을 통해 신라 외교는 급격한 성장을 가져왔다. 619년 대당(代唐) 교섭이 시작된 이래 668년까지 50년간 신라, 백제, 고구려가 당나라에 사절단을 파견한 횟수는 총 81회이다. 그중 신라는 절반에 가까운 34회의 사절단을 파견 조공하였고 이 중 진덕과 선덕여왕이 절반이 넘는 19회로 그들의 적극적인 외교 활동을 알 수 있다.

또 하나의 특징은 당나라로 조공을 가는 사신인 입조사(入朝使)가 당 측에서 관직을 받았다는 점이다. 대표적으로 김춘추는 특진(特進), 문왕은 좌위군(左武衛) 장군이라는 관직을 받았다. 당서(唐書)에 의하면, 특진은 정이품(正二品)의 문산관(文散官)이며, 좌위군 장군은 종삼품(從三品)이며 중앙의 장군으로 이는 어디까지나 명예직이지만 삼국 중 유일하게 신라 사절에만 준 것이어서 더욱 주목된다.

– 숙위외교

당과의 조공을 통한 진덕여왕의 외교적 리더십은 점차 발전되었다. 그중에서 숙위외교(宿衛外交)는 진덕여왕의 외교력 강화의 특징으로 꼽는다. 숙위는 종래에 유지되어 온 신라의 대외 교섭을 응결시킨 종합적인 외교수단이라고 할 수 있다.

신형식 교수에 따르면, 숙위는 당나라 군사제도의 하나로서 당의 수도에서 동성을 호위하는 위군의 사졸(士卒)을 말한다. 이때의 사졸은 중국 주변의 여러 나라 왕자들이 편입되어 황제 곁에서 보위케 하는 것이 일반적 형태이나, 중화사상에 입각하여 중국의 황제가 주변 제후국가의 왕자들을 수도(京師)에 머물게 함으로써 자신의 권위를 높이려는 정치적 목적이 있었다고 보고 있다. 이러한 숙위에 대한 국내 최초의 기록은 648년(진덕여왕 2) 아래와 같은 내용이 있다.

> 김춘추와 그 아들이 당에 사신으로 갔다가 김춘추는 당 태종에게 청병을 요구하니 태종은 김춘추를 대견히 생각하여 출사를 허락하였다. 이에 김춘추가 말하기를 "신은 일곱 아들이 있으니, 바라건대 한 아들에게 황제 곁에서 떨어지지 않고 숙위케 하여 주십시오" 하고 그의 아들 문왕을 남겨 두었다. 그 후 진덕여왕 5년에는 김인문을 당나라로 파견하여 조공하고 그대로 머물러 숙위하게 하였다. (『삼국사기』 진덕여왕 편)

숙위는 인질과는 다르고 비교적 높은 신분인 왕자 등이 조공하였다고 한다. 이러한 일련의 외교적 활동은 다분히 진덕여왕의 뛰어난 정치적 안목으로 볼 수 있다.

그녀는 신라 국왕으로서 자부심도 남달랐다. 즉위 초기에 수년간을 태화(太和)라는 독자적 연호를 사용하여 당나라와 문제가 생겼다. 『삼국사기』에는 다음과 같이 적고 있다.

> 진덕왕 2년 겨울에 감질허가 사신으로 당나라에 갔는데 당 태종이 '신라가 신하로 대국을 섬기면서 어찌 따로 연호를 부르는가(新羅臣事大朝何以 別稱 年號)' 하고 묻자, 감질허가 답변하기를 '일찍이 대국조정에서 정삭을 반포하지 않았으므로 선조 법흥왕 이래 사사로 연호를 가졌다. 만약 대국조정의 명이 있었다면 우리나라가 어찌 감히 그렇게 하겠는가?' 하니 태종이 그렇게 여겼다. (『삼국사기』 진덕여왕 편)

그 후에도 여왕은 독자적인 연호를 계속 사용하다가 즉위 4년 되던 650년에야 중국의 연호 영휘(永徽)로 바꾸었다.

– 청병외교

선덕과 진덕여왕은 국외 지지기반인 당나라 태종과 고종으로부터 군사 지원을 받아 고구려와 백제의 침략을 물리쳤다. 『삼국사기』에 의하면 645년(선덕여왕 13)에 당 태종이 현장

(玄奬)을 시켜 고구려에 신라와 전쟁을 끊기를 권하고 있다.

> 신라(新羅)는 우리나라에 귀의하여 조공(朝貢)을 궐하지 아니하니 그대는 백제(百濟)와 함께 곧 전쟁을 정지하라. 만일 또다시 신라를 친다면 명년에는 군사를 내어 그대의 나라를 칠 터이다.
> (『삼국사기』, 선덕여왕 편)

당 태종은 이러한 자기 뜻을 그대로 실천에 옮겨 계속되는 고구려의 신라 침범에 646년(선덕여왕 14) 5월 선덕여왕을 도와 직접 고구려를 정벌하였다. 진덕여왕 시기에 들어서 당과의 이러한 긴밀한 협조가 더욱 돈독하여 군사력 강화에 커다란 성과를 가져왔다. 진덕여왕이 즉위한 다음 해인 648년(진덕여왕 2) 김춘추가 사절로 가서 원군을 요청하자 태종이 출사를 허락하였고, 김인문(金仁問)은 당나라 병사로서 활동하였을 뿐만 아니라 그 선봉장으로서 백제, 고구려 양국정벌에 큰 공을 세울 수 있었다.

여왕은 군사 지원에 대하여 결과 보고와 답례를 하여 나·당 간의 우의를 더욱 돈독히 하였다. 그뿐만 아니라 대당 교섭 이후 당나라 군대 요청은 신라에 의해 독점되었다. 선덕여왕 때뿐만 아니라 진덕여왕 2년(648년) 겨울 등 여러 번 당나라가 신라로 원군을 온 사실로 미루어 볼 때 당나라는 신라의 통치 지지기반에서 중요한 역할을 했음을 알 수 있다.

– '나·당 외교'의 열정적 리더십

앞에서 살펴본 진덕여왕 리더십은 삼국통일이라는 커다란 이상을 품고 의지와 열정으로 국가를 다스려 나갔다고 볼 수 있다. 정리해 보면 그녀는 특히 당나라와의 관계에서 고도의 정치적 외교력 강화에 주력하여 당 황제의 직접적인 고구려 정벌 참여, 상호군사 협력과 협조를 통한 청병외교, 당나라로부터 신라 관료들의 중국 관리직 벼슬을 수여 받는 등의 숙위외교로 승화시켰다. 이 같은 열정적 외교력은 당과 신라가 상하관계가 아닌 '상호 호혜국'으로 발전하게 된 탁월한 정치적 리더십을 보여 주었다고 평가할 수 있다.

학자 중에는 이러한 외교정치 역량에 대해 여왕의 업적이라고 보지 않고 측근의 참모들, 특히 김유신이나 김춘추의 치적으로 간주하는 경향이 있다. 즉, 신라 삼국통일의 기반을 마련한 무열왕(재위 654-661)인 김춘추가 후일 자신의 자리를 위한 기반구축을 위해 다양한 정치개혁을 한 것으로 제시하고 있다. 그러나 왕의 정치적 리더십이라는 추진체

없이도 성과가 나타난다는 것은 이론상으로는 가능할지 몰라도 현실적으로 '우연히' 나타나는 경우는 극히 드물다. 이 점에 대해 일본의 역사학자인 쓰루타니는 군주와 그 자신의 행운에 관해 강조한다.

즉, 16세기 이탈리아에서는 군주 자신과 행운이 정치 세계에서 일어나는 모든 종류의 일들을 구체화하는 정치의 핵심이었던 것처럼, 각종 문제를 해결해야 할 정치지도자로서 진덕여왕도 단순히 대리인이나 상징적인 대표가 아니라 각종 갈등과 문제의 구체적 해결을 담당하는 '최종 결정권자(arbiter)'로서 역할을 했다고 볼 수 있다. 이런 이유로 여왕의 의지나 결정 없이 당나라의 제도도입이나 중요한 군사적 의사결정들이 이루어졌다고 보기 어렵다. 특히 지금까지 살펴본 진덕여왕의 성격을 유추해 볼 때 그녀는 상당한 국정 장악력과 신하 장악력을 가지고 리더십을 발휘하였다고 보인다.

2) 국내 정치

– 상벌의 엄격한 적용

진덕여왕은 즉위하자마자 우선 국내 문제 중 반란을 일으킨 비담과 그 일행 30명을 처단하고(진덕여왕 원년 정월 17일)

9족을 멸하였다.(『삼국사기』, 김유신 전 상) 이는 어쩌면 차후에 유사한 일이 발생하지 않도록 본보기를 보였을 가능성도 있다. 이는 그만큼 화백회의 및 상대등의 왕권견제 기능이 강했다는 것을 말하며, 비담의 난이 실패함으로써 화백회의를 중심으로 한 귀족세력은 큰 타격을 입었다.

> 그녀는 즉위한 해 3월에 백제의 장군 의직(義直)이 서쪽변경을 침범하여 요차(腰車) 등 11개 성을 함락시키자 압독주 도독(押督州 都督) 김유신을 시켜 진압한다. 김유신은 백제군을 거의 전멸시키고 전쟁을 승리로 이끄니 왕이 군사들에게 '차등 있게' 상을 내렸다. (『삼국사기』, 진덕여왕 원년 3월)

> 또한 춘추가 당나라에 사신으로 갔다가 돌아오다가 고구려 순라병을 만나게 되었을 때 수행원 온군해(溫君解)가 김춘추로 변장하고 대신 죽었다. 진덕여왕은 이 소식을 듣고 군해의 충성스런 정신을 기려 대아찬(大阿湌)을 추증하고 그의 자손들에게도 융숭한 표창을 하였다. (『삼국사기』, 진덕여왕 원년 2월)

이와 같은 일련의 조치들을 통해서 진덕은 국왕으로서 반란자에 대해서는 강력한 처벌을 내렸고 또한 전쟁에 승리한 장수와 상사를 위해 목숨 바친 부하에게는 그에 걸맞은 상과 표창을 내림으로써 엄격하고 따뜻한 채찍과 당근의 두 가지 측면을 행사하고 있는 것을 볼 수 있다.

– 복식 제도의 개선

진덕여왕은 제도개선에 대한 특별한 안목과 가치관을 가지고 있었던 것 같다. 우선 당나라에 요청하여 장복(章服)제도를 도입한다. 신라 사절단으로 간 김춘추는 당 태종과 대좌한 후 3개 항목을 제시하게 되는데 그때 중국식 장복의 사용을 요청하였다. 이미 신라에는 지증왕과 법흥왕을 거치며 복식제도가 확립되어 신분계층에 따라 평상시에는 4색, 공무 시에는 5색으로 구분되어 있었다. 그런 이유로 새로운 복식제도의 도입이 적기는 아니었다. 하지만 비담의 난으로 흩어진 국론을 수렴하고 고구려와 백제의 침입에 대비해야 하는 당면과제와 사회의 여파를 고려하여 복식제도 개선을 통한 간접적인 개혁을 시도한다.

임경빈 교수는 이러한 것을 신라 정치사회의 골간이 되는 신분제도의 개혁을 추진코자 한 것으로 보았다. 그리고 선덕여왕 시기의 개혁에 이어 무열왕(김춘추)까지 신라에 새로운 기운을 계속 조성코자 한 것으로 신분제도와 밀접한 연관을 가진 가시적인 복식부터 개선하여 정치개혁의 충격을 최소화한 노련하고 조심스러운 방편으로 해석하였다.

(임경빈, 「신라 진덕여왕 대의 정치개혁-무열왕의 즉위와 관련하여」, pp.71-72.)

그러나 이러한 임경빈 교수의 의견은 당나라 장복제도의 도입을 개혁의 하나로만 단순화시키고 있는 측면이 있다. 왜냐하면, 김춘추가 외교관으로 당나라에서 장복제도를 도입해 온 것을 훗날 자신의 통치시대까지 연결해 개혁을 통한 집권의도로만 해석한다는 것은 너무 지나치지 않을까 생각한다. 예나 지금이나 외교관이 타국의 좋은 문물을 자국에 도입하려는 것은 당연한 일이며, 또한 그들의 역할 중 하나이기 때문이다.

– 행정부 정비를 통한 왕권 강화

진덕여왕은 외형적인 행정부 정비 및 왕권 강화에도 두드러진 업적을 쌓았다. 그 대표적인 것이 진흥왕 때부터 있던 품주(稟主)를 고친 집사부(執事部)와 국가재정에 관한 업무를 분리한 창부(倉部)의 설치이다. 또한 왕권이 강화되면서부터 집사부의 책임자인 중시(中侍)가 행정을 통괄하고 기밀 업무를 다루기도 하였다.

여왕은 집권 5년째인 2월에 종전의 기구를 집사부라 고치고 파진창 죽지(波珍湌 竹旨)로 집사중시(執事中侍, 후일의 시중이나 대신)를 삼아 기밀 사물을 맡게 하였다. (『삼국사기』 진덕여왕 편)

이처럼 집사부는 왕정의 기밀사무를 관장하는 것을 임무로 하는 관부(官府)로 이것은 위로는 왕명을 받들고 아래로는 행정을 분장하는 여러 관부를 거느리는 가장 중요한 최고 행정관부였음을 뜻한다. 30여 명으로 구성된 집사부를 관장하는 중시(中侍 혹은 侍中이라고도 표기)는 1명으로 3년을 임기로 하고 타 부서의 2인과 구별하여 당시 초대 중시를 맡은 파진찬 죽지에게 힘이 실려짐을 알 수 있다.

집사부의 30명이란 숫자는 당시 병부가 20여 명인 것에 비해 그 규모의 방대함을 짐작할 수가 있다. 이 집사부의 설치 및 중시에 대해 진덕여왕의 왕권 강화라는 측면과 화백회의와 상대등의 귀족세력을 대변한 자라는 견해가 있다. 원로 사학자인 이기백 교수는 집사부의 설치는 크게는 왕권의 필요에 의한 것이지만 당시 왕권을 배경으로 정치의 실권을 쥐고 있던 김춘추와 김유신의 주장에 의해 만들었다는 견해를 내었다.

그러나 임경빈 교수는 집사부를 국왕을 호위하는 시위부

(侍衛府)와 상호보완해 왕권 강화를 목적으로 하는 기관으로 보았다. 그 사실로 654년(진덕여왕 8)에는 시위부가 강화된 점을 제시하였다. 이는 기존 국방을 위한 36명의 장군에서 진덕여왕 때에 궁중경비 강화를 위해 6명의 장군을 더 설치한 것이다. 이것으로 진덕여왕은 왕권 강화를 위해 귀족집단과 결탁하지 않고, 종교적 배경 아래에 초월적인 존재로 자처하지 않으면서도 물리적으로 더 강력할 수 있었다고 보았다.

신년하례 또한 진덕여왕의 정치적 안목과 기술을 실행에 옮기는 하나의 사례다. 왕권 강화를 목적으로 새해가 시작되는 날에는 백관들로부터 인사를 받고 업무를 시작하는 풍습을 만들었다. 이것이 현재까지 남아 오늘날 신년하례의 첫 시작이 되었다.

> 왕이 조원전(朝元殿)에 임하여 백관의 신년축하를 받으니 신년하례의 예가 이때 시작되었다. (『삼국사기』, 진덕여왕 편)

이는 역대 왕조에서 왕과 군신들만이 논의하던 폐쇄된 회의와 대면의 방식에서 벗어난 것을 의미한다. 만조백관이 모두 모여 신년을 축하하며 공개된 상태에서 서로의 의사전달을 할 수 있는 대단한 제도적 변화이다. 이것으로 도덕과 예의를 중시하는 진덕여왕의 개방적이고 민주적인 정치 안목의 일면을 볼 수 있다. 이러한 각종 상벌의 엄격한 적용, 행정부 정비를 통한 왕권 강화로 진덕여왕은 당당한 국왕상(國王象)을 가지게 된다.

진성여왕, 문화와 예술을 장려하다

– 불교문화의 적극적 수용

상당한 시간이 흐른 후 신라 세 번째 여왕인 진성여왕이 즉위한다. 선덕여왕과 같이 선왕인 정강왕이 후사가 없이 죽자 왕위를 물려받은 그녀는 나라를 어떻게 다스리고자 했을까? 국가에 거는 기대는 무엇이었을까? 그녀의 통치 기간은 887-897년까지다.

그녀는 우선 대구화상을 활용하여 예술적 측면의 비전을 전개해 나간다. 대구화상은 진성여왕의 아버지인 경문왕 시기부터 향가에 능하고 화랑에도 참여한 승려다. 경문왕 때에는 현금구곡(玄琴抱曲), 대도곡(大道曲), 문군곡(問群曲) 3곡을 지어 인정을 받았고 이후 헌강왕, 정강왕으로 이어지는 경문왕의 자녀들과도 긴밀히 교류하였다. 정강왕 사후 그의 유언에 의해 남매인 진성이 왕위에 오르자 당시 유명한 승려로서 대구화상은 자연스럽게 진성여왕을 도와 문화·예술적인 분야에 주력함으로써 경문왕부터 이어지는 왕권의 정당성을 공인받는 역할을 하였을 것으로 보인다.

즉 진성은 즉위한 이듬해인 888년에 위홍과 대구화상에게 명을 내려 신라향가집 삼대목(新羅鄕歌輯 三代目)을 수집 편찬케 한다. 삼대는 신라의 상대(上代), 중대(中代), 하대(下代)를 뜻하는 것이라고 할 수 있는데, 신라시대 향가를 세 시기별로 나누어 분류한 문학사상 가장 방대하고 오랜 노래집으로 추측되나 삼국사기에 기록만 전하고 있다. 이 향가집 편찬의 목적은 여왕으로서 정당성을 강조하고 불교에 대한 의지를 보여 명분과 통치 사상의 안정화를 꾀하였을 것으로 짐작된다.

또한 진성여왕은 불교정책의 시행과 불교생활을 실천하려는 비전도 가졌다. 예컨대, 승려들의 자격증을 주는 의식을 주관하여 60명을 승려로 임명하였으며, 자신이 병약하여 몸이 아플 때 죄인을 사면하고 병이 나았다고 전한다.(『삼국사기』, 진성여왕 편) 그리고 그녀가 왕의 자리에서 물러나 평범한 시민으로서 남편 혜성대왕의 명복을 빌면서 북해인사에서 생활했다는 자료를 볼 때 그녀는 불교정책을 국가적 차원에서뿐만 아니라 개인적으로도 철저히 실천했다고 하겠다.

이는 불교경전의 이름 '시르마라'를 가졌던 전임 진덕여왕과 비교하면 더욱 차이가 있다. 진덕여왕은 '내을신궁'에 참가했다는 것 외에 불교 관련 자료를 거의 찾을 수 없다는 것과 현대의 사관학교와 비슷한 '화랑' 육성정책에서 불교를 배제하였다. 이처럼 진성의 불교정책은 여왕 중 선덕에 이어 지켜 왔다고 하겠다. 이 외에도 죄인을 사면하고 조세를 면제하여 민심을 수습하는 정책을 펼친다.

그러나 시대가 영웅을 만든다고 했던가. 주위의 다양한 환경은 그녀에게 자신의 이상과 비전을 펼치기란 쉽지 않았다. 진성이 왕권을 계승한 후의 정치 환경부터 살펴보면 그녀가 통치할 당시(887-897)의 정세는 고구려가 멸망한 668년 이후부터 신라는 백제, 고구려 유민의 흡수와 영토 내에 있는 당나라 군대의 축출이 급선무였다. 이러한 사정으로 앞의 여왕들과 같이 당나라와의 외교를 생각할 수 없었다.

그러나 진성여왕의 사절파견에 대해서는 기록이 전혀 없었던 것은 아니다. 『삼국사기』에 따르면 892년에 병부시랑 김처민을 당에 파견하였으나 가는 도중에 바다에 빠져 죽었고, 897년에 헌강왕의 서자 요(曉)를 태자로 책봉한 뒤 당나라로 사자를 보낸 것 등 모두 2회이지만, 이때 파견된 사신의 관직이나 성명은 나타나 있지 않다. 이후 성덕왕부터는 완전한 관계 회복을 이루었고 오히려 당나라 측에서 신라에 청병(請兵)하고 있다는 자료들이 있다. 이러한 것으로 보아 진성여왕 때는 당나라와의 외교보다는 국내 정치에 더 치중하였다고 볼 수 있다.

– 화랑도(화랑세력)와 정치력 강화

진성여왕은 국정운영 초기에는 위홍에게 맡기고 그 후에는 부호부인이라고도 하고 혹자는 진성의 유모라고 하는 여성에게 위임한 점과 화랑도로 추측되는 '젊은 미남자'를 등용한 것으로 기록은 전한다. 여기서 '젊은 미남자'로 일컬어지는 사람들을 신라의 화랑도로 보는 견해가 있다. 진성여왕의 아버지인 48대 경문왕은 화랑 출신이었고 그의 가계는 대대로 왕권의 기반을 화랑에 두고 있었다. 그래서 그녀 역시 '젊은 미남자'들인 화랑세력에 지지기반을 두고 왕권의 안정을 꾀하려는 정치적 의도로 파악할 수 있다.

– 허약한 리더십의 여왕

고금을 막론하고 국정운영에는 경륜과 경험, 건강한 체력을 중요시한다. 즉위 당시 진성여왕의 나이는 20-30대로 알려졌다. 이는 KBS의 역사스페셜(2009년 9월 19일 방영)에서 나온 선덕과 진덕 여왕의 즉위가 50대 이상으로 추정된 데 비해 크게 낮은 나이다. 또한 앞에서 살펴본 기록에서 보이듯이 허약한 체력과 잦은 병치레로 정치력이 여타의 군주에 비해 떨어졌다고 보인다. 더욱이 재위 기간 중 지나친 위임정치도 문제점으로 지목된다.

진성여왕은 비록 진덕여왕보다 긴 11년이라는 장기간 집권을 했지만, 치적은 오히려 셋 중에 가장 적어 신라 향가를 집대성한 삼대목 편찬과 순조로운 정권 이양이 대표적일 뿐이다. 여기서 자신의 실정을 인정하고 생전에 조카에게 왕위를 선양하였고 그 후의 거취에서도 진퇴를 분명히 한 책임감 있는 지도자의 태도는 주목해야 할 부분이다.

하지만 통치권자로서 가장 중요한 인재를 잘 활용하지 못했다. 당시 최치원이 제안한 시국 10개 항을 적극적으로 실행하지 못한 것은 그녀의 정치적 안목과 기술이 부족하였음을 보여 주는 사례이다. 군사력을 배경으로 한 지지기반도 약해서 지방 군벌을 제대로 장악하지 못해 도적들이 성행한다. 그래서 역사적으로는 통치력 부재의 허약한 정치 리더십(attenuated leadership)을 가진 군주로 낙인찍히는 결과를 가져왔다.

4장
중국의 여황제

현대에 들어 한국과 중국에서 여성들이 두드러진 활동을 보이고 있다. 따라서 정치 참여도 더욱 증가하는 추세이다. 한국의 여성 국회의원은 초대국회에서는 200명 중 1명이었다. 그것도 보궐선거로 당선되어 이룬 결과다. 이후 대만의 여성당선할당제도의 영향에 힘입어 16대 국회의원부터 늘어나기 시작해 18대에는 41명이 당선되어 14.2%, 20대에는 51명으로 17%로 과거 어느 때 보다도 높은 비율이다. 중국은 입법부의 역할을 하는 전국인민대표대회대표(전인대, 한국 국회의원에 해당)에서 여성대표가 현재 23.4%의 비율을 가지고 있다.

이러한 여성의 정치참여 증가와 더불어 한국에서는 '선덕여왕', '대물' 등이 방영되어 커다란 화제를 모았다. 중국에서는 연속극 '무측천'이 교육방송과 DVD로 제작되어 한국의 대학교에서도 시청각자료로 활용되고 있다.

무측천의 프로필

그녀는 어떠한 자질을 가졌을까? 무측천의 성은 무(武), 이름은 조(照)이다. 624년에 당나라 건국 공신으로 태종 때 예부상서를 지낸 무사확(武士彠)의 둘째 딸로 태어났다. 무사확은 병주(幷州) 문수현(文水縣, 지금의 산서성 문수) 출신으로 목재상으로 큰 부자가 된 인물이다. 637년, 뛰어난 미모로 14세에 당 태종(太宗, 재위 626-649)의 후궁인 재인(才人)으로 입궁하였지만, 황제에게 특별한 관심과 사랑을 받지 못한다. 태종이 죽자 사찰인 감업사로 갔다가 뒤를 이은 아들 당 고종의 부인인 왕 황후의 요청으로 다시 궁에 돌아오게 된다. 651년, 고종(高宗, 재위 649~683)의 후궁이 되고 4남 2녀를 둔다.

그리고 고종의 황후를 내쫓고 자신이 황후에 오른 655년부터 본격적으로 정치를 시작한다. 황후로서 고종을 대신해 국정 운영을 하며 675년에는 병이 깊어진 황제를 대신해 섭정으로 전권을 행사하기에 이른다. 그녀는 넷째 아들인 이단을 당의 5대 황제인 예종(睿宗, 재위 684-690, 710-712)으로 만들었지만, 690년 자신이 직접 황제에 올라 나라 이름을 당(唐)에서 대주(大周, 주나라)로 바꾼다. 또한, 수도를 장안에서 신도(神都)로 옮기며 여황제로서 705년까지 15년간 본격적인 정치리더십을 발휘하기 시작한다.

『구당서(舊唐書)』에서는 그녀를 '소다지계(素多智計)'로 지혜와 계략, 전략이 뛰어났다고 표현했다. 그리고 그녀의 성품은 총명하고 사물에 대한 반응이 민첩하며, 특히 결단력이 강한 것으로 알려졌다. 또한 그녀는 수수한 의복 착용으로 근검절약을 솔선수범하는 등 당시로서는 보기 드문 모습도 보인다.

신라의 여왕들과 마찬가지로 무측천도 불교를 통하여 마음의 안정과 자제력을 얻었다. 그녀는 "짐이 어렸을 때 불가에 귀의하고 싶었다"는 말을 여러 번 남겨 정치사상의 근본이 불교에서 비롯되었음을 짐작하게 한다. 이러한 불교에 대한 정책으로 우선 '화엄종(華嚴宗)'을 제창하고 『화엄경』 60권을 번역하게 하였다. 이 외에도 『대운경(大云經)』, 『대승입방가경(大乘入防伽經)』 등을 번역하고 수많은 사찰과 미륵불을 건립하였다.

또한 낙양에서 무차대회(無遮大會)와 불교 행사의 하나인 보시(布施)를 자주 행하였다. 무차대회는 남녀, 귀천, 상하 구별 없이 모두가 평등하게 부처의 은혜를 받는다는 의미의 법회로 여기서 그녀는 수레 열 대에 가득 실은 동전을 참여한 사람들에게 나누어 주었다.

국정 운영의 최우선은 인재 발굴

그녀의 국정수행 능력은 어디서 비롯되었을까? 자료의 한계로 충분하지는 않지만, 그녀는 원활한 국정수행을 위해 끊임없이 현자(賢者)를 찾는 데 고심하였다.

> 짐은 밤잠을 자지 않고 전심전력을 다 해 치국의 법을 생각한다. 고생스러움을 겁내지 않으나 천하가 넓으니 한 사람이 교화할 수 있느냐? 반드시 천하의 모든 현재능사(賢才能士)가 공동으로 국가의 기구를 보좌해야 한다. 5품 이상의 문무관원은 각자가 자신이 이해하는 인재를 추천해 달라. (黃光任,『大唐盛世 唐武則天』, 2003, pp.112~114)

이처럼 신하들에게 8가지 부류의 인재를 찾을 것을 요청하였다. 이는 동량(棟梁)이 될 만한 인재, 용병과 적의 책략을 가진 자, 수신과 덕을 가진 자, 부모에게 효도하는 자, 유가(儒家)의 행실을 간직한 자, 문사·약사의 소양을 가진 자, 강직하고 아부하지 않는 자, 청렴결백을 고수하는 자이다. 이러한 재능을 가진 8개 부류의 인재만이 천자와 같이 국가를 이끌어 갈 수 있다고 강조하였다.

무측천이 강조한 것처럼 인재 발굴과 더불어 정치지도자는 정치적 안목과 기술도 가져야 한다. 정치 기술이란 국민의 지지를 늘리고 반대를 줄이는 행위로 지도자는 구체적 행동프로그램으로 전환하는 능력이 있어야 한다. 이를 위해 그녀는 과거제도(科擧制度)를 통해 국정에 폭넓게 인재를 참여시켰다. 과거제도는 시험을 통해 관리를 뽑는 본격적인 관리등용문으로 수나라에서 시작하여 당나라 초기에 발전된 제도이다.

무측천이 본격적으로 정치에 관여하던 시기의 과거제도는 고시 과목과 모집 인원수가 증가하였다. 이 시기에 황제가 직접 주관하여 치르는 전시(殿試)를 처음으로 시행하여 이후 다양한 형태로 발전된다. 과거제도 과목 중 특히 진사제(進士制)는 지방의 학식 있고 우수한 인재들을 중앙 무대로 끌어올리는 역할로 지방의 발전을 가져왔다. 그래서 당시 과거제도를 통하여 재상에 오른 사람은 27명에 달하지만, 이 중에서 유명한 집안이나 다른 배경을 가지고 재상이 된 자는 겨우 3명에 불과했다.

이 외에도 '무거(武擧)'로 군사 인재를 선발하여 국방력 강화에 이바지하고 '남선(南選)'을 개설하여 변방의 낙후된 지역 개발과 숨겨진 인재를 찾았다. 그리고 자신을 추천하는 '자거(自擧)'제도를 열어 출신을 따지지 않고 능력 있는 자들을 뽑았다. 또한, 그녀는 고종의 황후로 있을 때 '건언십이사(建言十二事)'라는 건의서를 올려 관리와 백성들에게 커다란 호응을 얻은 것으로 유명하다. 상원(上元) 12월 27일 측천은 고종에게 12가지의 정치방침, 즉 건언십이사를 제안한다. 구체적으로 살펴보면

> 이는 1. 농업 장려, 부세 경감; 2. 경사 부근의 백성 조세와 부역 금지; 3. 대외 용병 정지, 도덕으로 천하 교화; 4. 음란행동의 일률금지; 5. 대형토목공사를 줄여 예산과 노동력 절약; 6. 언론의 공개; 7. 예언의 두절; 8. 왕과 공, 즉 신분이 높은 사람을 제외하고 모두 노자(老子)를 공부할 것; 9. 아버지가 살았더라도 어머니가 죽었을 경우 3년간 상복을 입을 것; 10. 674년 이전의 훈관으로 관리를 임명받은 자는 그 관직 인정; 11. 중앙관직 8품 이상

녹봉 증가; 12. 문무백관 임직 오래된 자 중 재능이 많고 지위가 낮은 자 빠른 승진 가능.

이 12가지 내용은 과연 측천이 비범한 정치 재능을 발현해 내었다고 할 수 있다. 고종과 많은 백성이 크게 기뻐하였다. 고종은 이 정치방침의 건의서를 받은 뒤 용안이 크게 기뻐하며 즉각 명을 내려 실시하도록 하였으며 이는 자연히 각 급 관원은 물론 서민계급의 커다란 호응을 받았다. 백성들은 다투어 서로 이에 관해 얘기하였으며 경사 부근에는 환호하는 소리가 번개처럼 크게 울렸다고 기록되고 있다. (黃光任,『大唐盛世 唐武則天』, 2003, p.45)

반면 모든 일을 법령에 따라 혹독하고 무자비하게 처리하는 관료인 '혹리(酷吏)', 밀고자 '까오미(告密)' 등은 그녀를 공포정치의 잔혹한 여황제로도 기억되게 한다.

여황제의 용인술

1) 현인능사(賢人能事)의 전략

동서고금의 제왕뿐만 아니라 크고 작은 단체와 조직의 수장들은 그 조직을 이끌어 나가야 할 유능한 구성요원이 필요하다. 무측천은 새로운 제국 주나라를 이끌고 갈 조정에 어떤 사람을 등용시켰을까?

당나라의 연장이라고는 하지만 국호를 바꾸고 주나라 태조로서 황제인 자신을 보좌할 개국공신들의 선정은 매우 중요하고 의의가 막중하다. 『무측천 전』에 따르면, 그녀는 당나라가 주나라로 바뀐 비상시기인 집권 초기에는 근친과 신임하는 신하를 중심으로 정권을 유지하였다. 학식과 경륜이 모자란 이들을 등용한 것은 체제 유지를 위한 불가피한 선택이었다고 보인다. 낙하산 인사가 그러하듯 이들은 문란한 정치와 형벌을 남용하였고 재물을 탐하고 매관매직과 사리사욕을 채웠다. 이처럼 초기의 그릇된 인사를 후회하던 여황제는 이후의 인재등용에 많은 힘을 쏟게 된다.

무측천은 주나라를 개국한 뒤로도 15년간 집권하여 당나라까지 합치면 50년간 중국을 통치하였다. 적잖은 기간 동안 집권하며 권력유지를 위한 많은 수단과 방법을 동원한 것은 당연한 사실이다. 특히 다양한 제도와 인재를 통하여 체재를 정비하면서 집권력을 과시하기 위해 잔인하고 강력한 수단도 서슴지 않는다. 앞서 이야기 한 '혹리(酷吏)'와 '고밀(告密, 까오미)'이 대표적인 예이다.

또한 그녀의 상벌은 측근을 가리지 않았다. 주나라 초기,

자신을 도와 '측전문자(則天文字)'를 만든 종진객(宗秦客)이 검교내사(檢校內史)로 임명되었다. 하지만 그에 대한 탐관의 죄를 묻는 상소가 올라오자 바로 지방으로 추방한다. 아울러 종진객을 통해 여황제에게 잘 보이려고 술수를 꾸미던 내사형문위(內史邢文偉)를 아부 죄로 좌천시키기도 했다.

그녀는 효율적인 국정 운영을 위하여 즉위 이듬해인 691년 6월, 인재 등용에 '용인능사(用人能事)'의 철학을 적용하여 능력 있는 사람들을 두루 기용한다. 대표적인 예로 적인걸(狄仁杰)을 재상으로 등용한 것을 들 수 있다. 그는 병주(幷州) 태원(太原, 지금의 山西 太原) 출신으로 과거시험인 명경과(明經科)에 급제하여 관리로 출발하였다. 이후 여러 관직을 거쳐 무측천이 세운 주나라의 재상이 된다.

그가 사법기관의 관리인 대리승(大理丞)을 역임하던 시절에는 성격이 강직하고 청렴하여 수많은 사건을 판결하면서도 잘못되거나 억울한 사람이 없었다는 세간의 평판이 있다. 이러한 성격은 무측천 재상 시절에도 여황제에게 두려움 없이 직간하였다고 전해진다.

대표적인 예로 여황제에 오른 무측천에게 차기 후계자 문제는 상당히 중요한 일이라 자신의 일족인 무씨 중에서 황태자를 내려고 했다. 재상이었던 적인걸은 이 문제를 정면으로 반대한다. 그는 '군신일체(君臣一體)'를 들어 군주의 의견도 중요하지만, 재상의 역할을 맡은 자신이 내세운 명분이 더 합당하므로 군신일체로 뜻을 같이해야 한다고 주장한다. 결국 적인걸의 뜻대로 무측천의 아들로 황태자는 정해진다. 그뿐만 아니라 무측천이 그에 대해 '꿔라오(國老, 나라의 스승)'라고 불렀다는 것을 보면 적인걸을 굉장히 아끼고 극진히 대한 것을 알 수 있다. 그러나 아이러니하게도 주나라의 마지막 재상 장간지(張柬之) 역시 적인걸이 추천한 사람이었는데 그의 주동으로 황제의 권한을 물려주게 된다.

2) 불교 승려와 북문학사

신라의 선덕여왕도 그러하였지만, 특히 무측천은 불교와 운명적으로 밀접한 관계에 있었다. 이미 어렸을 적에 어느 승려가 예언했다는 '3대 이후 무씨 여성이 황제가 된다'는 소문 때문에 남편인 당나라 태종이 그녀를 멀리하는 빌미가 된다. 또한 태종의 사후에는 자식이 없는 황제의 비빈들과 함께 감업사에서 여승으로 3년간 지내게 된다.

이후에 황실로 돌아와 권력을 잡은 무측천은 우선 불교 승려의 지위를 크게 향상했다. 당시 당나라 황실은 '도선불후(道先佛後)'로 공식적인 회합에서 항상 도교의 도사가 승려

앞줄에 서게 했다. 태종과 고종이 개인적으로 불교를 숭상했고 유명한 승려였던 현장(玄奘), 삼장(三藏)도 탄원했지만 '도선불후'의 위치는 바뀌지 않았다. 하지만 여황제의 즉위 이후 그녀의 불교에 대한 다양한 업적과 정책 및 열정으로 불교승려들의 위치가 맨 앞쪽으로 바뀌었다.

그뿐만 아니라 국가적 차원에서 불교 지원정책을 펴기 시작하였다. 백성들에게 불교적 생활을 실천에 옮기게 하였으며 자신도 이를 솔선수범하였다. 예컨대, 백성들에게 '고기'와 '생선'을 상당 기간 먹지 말도록 하였고, '무차대회'에 직접 참여하여 불교행사를 하는 등 자신부터 불교의 교리를 실천에 옮겼다.

그녀가 등용한 사람 중에 북문학사(北門學士)들이 있다. 북문학사가 나타난 계기는 675년경으로 고종이 와병으로 그녀에게 섭정을 맡기고자 했으나 대신들의 반대로 뜻을 이루지 못한다. 여기에 그녀는 자신의 정치기반이 되어 줄 강력한 집단이 필요했으며 그 결과 북문학사가 만들어졌다. 처음에는 이들의 관직이 높지 않았으나 문인의 재능을 가진 북문학사들을 기용하고 활용하여 점차 그녀의 정치적 입지를 공고하게 하였다. 그리고 북문학사 중에서 재상으로 중용하는 등 이들 출신에서 높은 벼슬을 가진 사람을 많이 배출한다.

북문학사의 대표적인 사람로 유위지(劉褘之), 원만경(元萬頃), 주사무(周思茂), 묘신객(苗神客), 호초빈(胡楚賓), 범이빙(范履冰) 등이 있다. 무측천은 이들에게 서적 편찬과 정권 강화의 역할을 맡긴다. 서적 9,000권을 편찬하였고 대표적으로 『열여전』, 『신괘(臣軌)』 등이 있다. 여기서 신괘는 무측천이 국정을 장악하기 위해 신하들에게 요구하는 덕목을 주된 내용으로 하며 특히 군주와 신하는 하나의 몸과 같다는 '군신동체(君臣同體)'를 강조한 것이다.

또한 북문학사 중 유위지는 중서문하삼품(中書門下三品)으로 재상에 올랐다. 그러나 그는 여황제의 처신을 비방하여 자신의 목숨까지 내놓게 된다. 그가 말하기를

> 태후는 이미 우매한 중종을 폐하고 총명한 예종을 세웠는데, 어찌 임조칭제(臨朝稱制: 수렴청정과 같은 뜻으로 황태후가 황제를 대신하여 정무를 봄)를 하는 것인가? 예종에게 정권을 돌려주어 천하를 안정시키는 것만 못한 것이다. (則天皇后, 『舊唐書』, 卷87)

이것은 야심에 찬 무측천을 정면에서 반대하는 것으로 자신의 정치기반을 만들어 준 공로가 있다 하더라도 용서

가 안 되는 상황이다. 이처럼 무측천은 정치기반이 약할 때는 '북문학사'의 힘을 활용했지만 이미 확고한 정치권력을 실행할 수 있는 시기에서는 이들의 지나친 비평과 관여, 직권남용에 대해 철저하게 숙청하여 정치지도자로서 과감한 결단력을 발휘하였다.

카리스마적 정치리더십

무측천의 업적은 긍정적 측면과 부정적 측면으로 구분해 볼 수 있다. 먼저 그녀의 업적 중에서 긍정적인 측면은 다음과 같다.

첫째, 과거제도를 발전시켰다.

그녀는 '전시(殿試)'를 창설했고, 무거(武擧)를 통해 군사 인재를 선발했다. 무엇보다 '진사' 제도는 과거에서 가장 핵심이라고 할 수 있는데 그녀가 집권한 50년 동안 진사로 등용된 사람이 천여 명에 달했다. 정관시기(貞觀時期: 태종 집권 기간)에 선발한 인원 205명과 비교할 때 커다란 차이를 보인다. 이것으로 과거를 통한 관료제가 크게 발달했다는 것을 증명한다. 또한 무측천이 시행한 과거제도의 개혁은 청나라 말기까지 유지된다.

둘째, 무측천은 역대 황제들처럼 백성들의 부민 정책에 관심을 가지고 특히 농업의 발전을 중시하였다.

앞에서 논의된 12개 정치방침 중 제1항목 '농업장려와 세금경감'에서 명시한 것처럼 자신이 쓴 『조인본업기(兆人本業記)』를 관리들에게 시행시켰다. 이것은 역사상 황제가 쓴 유일한 농업 저서로서 농업경제발전으로 국고를 충족하자는 내용을 담고 있다. 그리고 그녀는 695년 전국적으로 1년 동안 조세를 면제시켰으며 낙주(洛州)는 2년 동안 부역을 면제시켰다. 이것으로 고종 때 380만 호(戶)였던 농가가 여황제의 말년에는 615만 호로 거의 배가 증가하였다. 또한 변방의 빈번한 용병으로 군량을 절약하기 위해 군사둔전제도를 시행하여 군량미 수송 등의 어려움과 부역을 감소시킴으로써 사회와 국민생활안정에 이바지하였다.

셋째, 다양한 인재선발로 치국(治國)의 근간을 마련하였다.

무측천이 국가통치를 위해 가장 고심한 것은 다방면의 현명한 인재를 찾는 일이었다. 그녀가 50년의 긴 정치를 한 장수의 비결은 사람을 잘 선임하여 방방곡곡에 자신의 꿈을 심고 그들에게 자신의 역할을 대행시킨 것이다. 그녀가 말하는 현인, 즉 인재는 유불도(儒佛道)의 종교인, 예술인, 군인, 농업인. 비천한 사람 등 각계각층의 다양한 사람이 등용되었다. 하지만 그에 따라 많은 사람이 직·간접적으로 죽음에 처했다. 애써 등용한 사람을 없앤 원인은 무엇일까? 그녀에 따르면 "사람을 선택할 때 그 사람의 재능의 그릇을 선택하고 현재(賢才)를 구해서 적당한 업무를 주어야 한다(尋求賢才務求適當)"고 했다. 이것은 적재적소에 배치할 인재를 찾지 못했기 때문에 항상 새로운 인재를 찾았다고 생각할 수 있다. 그녀는 "추천한 명현(名賢)이 적지 않으나 짐이 기대하는 현자는 아직 만족스럽지 않다"고 했으니 끊임없이 인재를 구하고, 없애고 또 구하기를 반복한 모양이다. 이와 같은 인재선발의 의지는 정치지도자가 국가를 통치하면서 '제대로 된 사람, 정치지도자와 함께할 사람'이 얼마나 중요한가를 통감케 한다.

넷째, 불교 중흥과 당대 문화 예술의 초석을 마련하였다.

그녀의 불교 숭상은 중국의 불교발전에 커다란 원동력이 되었다. 불교건축물로서 '명당'과 '천당'을 건축하였으며 안국사, 경복사, 소성사, 태평사, 위국사 등을 비롯하여 현재 낙양의 용문석굴(龍門石窟) 등 불상을 많이 세웠다. 또한 수많은 경전을 만들었으며, 『삼교주영』을 편찬함으로써 유교, 불교, 도교 세 가지 종교의 각 주장을 집대성하였다. 『화엄경』 60권을 번역하고 대운경, 도덕경을 제창하였으며, 시·문학·도자기, 불교건축, 예술 등 당대 문화사상의 새로운 경지를 이루어 내는 데 이바지하였다.

이 같은 적극적이며 긍정적인 측면 이외에 50여 년의 오랜 집권 기간으로 인한 권력의 부패한 측면도 간과할 수 없다.

첫째, 혹리횡행(酷吏橫行)으로서 여기서 혹독하고 까다로운 관리를 뜻하는 '혹리'는 무측천 전제 통치의 산물이자 내부투쟁 도구다. 그녀는 서경업(徐敬業)과 이원가(李元嘉) 등이 일으킨 반란을 진압하자 혹리로 하여 엄격한 형벌로 전제 통치를 한다. 또한 이들을 활용하여 당나라 이씨 종실과 반대파를 숙청하고 그 후는 나머지 사람들도 생존할 수 없는 상황으로 몰아갔다. 이런 혹리들은 무측천의 지지와 종용으로 수많은 신하와 장군을 각종 잔혹한 형벌로 다스렸다. 그래서 당시 조정의 모든 사람은 만나면 대화가 없이 목 인사만을 나누었다고 한다.

둘째, 사회불안과 '까오미(告密)' 정치의 폐해이다. 무측천의 통치 시기에 수차례의 소규모 농민과 소수민족의 반항투쟁이 발생했다. 이는 봉건 전제제도의 계급 삭탈과 억압의 필연적 결과라고 할 수 있다. 50년간의 통치 기간은 '사회질서는 안정되었다고 말할 수 없으며 계급모순 역시 비교적 완화된 것이 없다'는 지적이다. 무엇보다도 '까오미'의 공포정치를 시행하여 하인이 무고한 주인을 고발하는 등 상호 불신하는 폐해 또한 적지 않아, 결과적으로 무측천은 수많은 사람을 직간접적으로 죽이게 된다. 이것은 그녀가 목표 달성을 위하여 수단과 방법을 가리지 않고 추진한 결과이기도 하다. 하우스(House, R. J)에 의하면 '카리스마적 리더는 권력 동기와 자신감이 강하고 능력 있고 강한 이미지를 심어 주며, 리더를 추앙하고 동일시하게 하며, 부하에 대한 기대감과 신뢰감을 마음속에 심어 줌으로써 부하의 성취 욕구와 리더에 대한 충성심을 끌어낸다.' 무측천은 이런 면에서 강한 카리스마를 가진 정치가로 자신의 이상과 꿈을 가지고 권력을 쟁취하였다.

이러한 측천의 무덤은 중국의 산시성 시안(西安)시와 가까운 함양시 건릉(乾陵)에 당 고종과 함께 묻혀 있다. 그러나 흥미로운 것은 무측천의 비석에 관한 것이다. 소위 '무자비(無字碑)'는 '비석에 글자가 없다'는 말인데 이에 관해 두 가지의 해석이 있다. 하나는 측천이 자신이 죽으면 비석에 한

서안 무측천의 무자비(無字碑), ©하영애(2011. 2. 4).

자도 새기지 말라는 유언에 따랐다는 것이며, 다른 하나는 '그녀의 많은 치적을 어떻게 다 기록할 것이며 특히 중국의 유구한 역사에서(많은 남성이 있는데) 유독 여성 통치자의 공적비를 기록한다는 것이 바람직하지 않다'(북경대 역사학과 徐凱 교수 인터뷰, 2011. 2. 8, 북경대학)는 것이다. 그런데 놀라운 것은 필자가 시안 현지를 방문했을 때의 비석이다. '무자비'의 앞면에는 글자가 하나도 없지만, 뒷면에는 수많은 글자가 새겨져 있을 뿐만 아니라 그 글자를 종횡으로 긁은 흔적이 선명하게 남아 있다. 이 '무자비' 뒷면에 관해서 누가? 왜? 무슨 이유로 썼다가 다시 지우려 했는지에 대한 역사적 과제가 남아 있다.

5장
여왕들은 우리에게 무엇을 말하는가

세 여왕의 통치가 신라와 여성에 미친 영향을 살펴보면, 첫째 신라적 여성정치문화, 둘째 불교문화의 발전과 불교의 생활화, 셋째 당나라와의 외교와 통일의 기반구축으로 모아진다.

신라적 여성정치문화

조선시대 여성들의 삶은 삼종지도, 정절 이데올르기 등 지독한 가부장적 관습으로 비인간적인 삶을 살았다. 그러나 그 이전의 신라시대 여성들의 관습과 생활면을 보면 남녀관계는 동등한 지위를 누렸고 매우 개방적이고 자유자재의 교제가 이루어졌다. 김유신의 어머니 만명부인은 서현을 따라 결혼 전 부모의 승낙을 받지 않고 멀리 떠나 유신을 낳았다. 또한 처용은 아내의 부정을 보고도 분노나 미움보다 오히려 이들의 정사를 찬미하며 춤을 추며 물러가는 여유를 나타내기도 한다.

세 여왕의 왕위계승을 보면 아들이 없어 여성들인 선덕, 진성이 탄생한다. 그러나 첫 번째 여왕으로 즉위한 선덕이 16년간 신라를 통치하면서 국민을 위한 정치를 잘하였다는 점이 중요하다. 그녀는 행정관의 지방순찰을 지시하여 과부와 어려운 사람들을 지도하고 각 1년간 조세를 면해 주었다. 또한 여왕의 위엄과 불교의 호국사상을 바탕으로 황룡사 9층 목탑을 건립하였으며, 뛰어난 재상과 장군을 등용하는 탁월한 용인술로 통치력을 발휘하였다.

그 뒤를 이은 진덕여왕 또한 열정적인 리더십과 외교력을 활용하여 신라를 손색없이 다스려 나갔다. 이러한 두 여왕의 통치력은 240여 년이 지나 세 번째의 여왕 진성이 탄생으로 이어진다. 만약 첫째 선덕여왕의 훌륭한 통치력이 없었다면 이후 여왕이 나오기는 어려웠을지도 모른다. 여기에 당시 신라의 사회적 특성도 한몫하였다고 보인다. 왕족을 포함한 상류계층과 일반 서민도 자유분방한 성생활, 여성의 제사장적인 지위 등에서도 여성정치문화가 싹틀 수 있었다. 즉, 신라시대에 세 여왕이 상징하는 것은 이후부터 현재까지 보이는 남성중심의 정치문화와는 달리 신라만의 독특한 여성정치문화를 창조했다고 할 수 있다.

불교문화의 발전과 생활화

여왕들은 신라의 불교건축과 불교문화에도 많은 영향을 끼쳤다. 천 년이 지난 오늘날에도 옛 신라의 수도 경주에는 찬란한 불교문화를 관람하기 위해 세계의 관광객이 몰리고 있다. 분황사 석탑은 선덕여왕 때 만든 것으로 현재까지 견고하게 보존되어 오면서 당시의 불교에 대한 관심과 예술 감각을 일깨워 준다. 그녀는 전국적인 승려의 계율 시행과 불경 강독, 승려의 임명 등 직접 불교문화를 장려하였다. 그리고 자장법사의 중국 유학과 귀국 후 외적의 침입을 막고자 염원한 황룡사 9층 목탑 건립을 지시하는 등 불교를 호국불교로 키운다.

진성여왕도 황룡사에 백고좌를 열고 친히 참석하여 설법을 들었으며 승려 60인의 임명과 연등 관람 등 실생활에서 불교를 장려하였다. 이처럼 여왕들은 공통으로 불교 장려와 확산에 힘썼다. 단순히 통치 사상으로서가 아닌 실생활에서도 불교 사상이 전파되기를 희망하였다. 오늘날에도 한국의 불교는 문화유산이자 국민의 생활에서 큰 영향을 미치고 있다. 연등행사 등 사찰의 문화는 어느덧 익숙한 한국 문화가 되었고 도시에서도 쉽게 사찰을 볼 수가 있다.

외교와 통일의 기반

여왕들이 신라를 통치한 시기에 신라와 당나라와의 관계는 매우 우호적이었다. 선덕여왕은 즉위 이후에 불규칙적으로 조공하던 것을 매년 정월로 정하여 방물과 함께 사신을 보냈고 문물을 교류하였다. 당 태종은 선덕여왕의 청을 받아 고구려에 천자의 문서를 가진 사신을 보내어 신라 침입을 중지하라고 명하고 말을 듣지 않자 이듬해 태종 자신이 직접 고구려를 쳐서 신라를 도왔다. 진덕여왕 때는 당나라와의 외교관계가 상호호혜국 수준에 이르렀고 더욱 긴밀한 사이가 되었다. 예컨대, 진덕여왕과 당 고종은 상호 극진한 예의를 갖추었다.

신라의 삼국통일은 진덕여왕의 통치 기간(647-654) 이후 무열왕을 지나 문무왕 때인 676년에 이루어졌다. 또한 삼국통일의 명장 김유신은 선덕과 진덕 두 여왕이 기용한 장군으로 고구려와 백제의 수많은 침입에 대항하여 영토를 확장하였고 외세로부터 국가를 보위하였다. 이처럼 뛰어난 인재 등용과 용병술로 선덕여왕부터 삼국통일의 기반을 다졌다.

지금까지 살펴본 신라 세 여왕의 국정운영과 이들의 정치리더십은 여왕으로서 탁월한 통치능력을 발휘했다고 할 수 있다. 또한, 남성 중심의 정치문화에서 신라적 여성정치를 창조했다고도 할 수 있다. 이후 조선시대는 여성들의 지위는 약해져 이른바 삼종지도(三從之道)의 생활에서 벗어나지 못했다. 여성은 성인이 되기까지 아버지를 따라야 했고 결혼해서는 남편을 따라야 했으며, 남편이 죽은 후에는 맏아들에게 의존하였다. 그러므로 여성은 사회적으로 자발성이 없이 오로지 남성에 의존해서만 생활할 수 있었다. 재가 금지를 비롯하여 서자 차별 등 각종 관습과 제도로 여성들의 삶을 비인간화하였다.

하지만 신라 때 사회 분위기는 이와 사뭇 달랐다. 앞에서 살펴본 왕위계승 과정과 그녀들의 재위 기간 내 국정운영과 지지도는 최고지도자로서 당위성을 입증하여 준다. 아마도 능력이 없었다면 반란으로 국왕이 교체되거나 남편이 나 아들의 대리인으로 섭정하였을지 모른다. 그러나 무엇보다도 신라의 사회적 특성이 큰 역할을 담당하였다. 일반 서민들부터 귀족까지 자유롭고 평등한 성생활, 여성의 경제권과 제사장 지위 등 사회 참여도가 평등하였다. 이러한 사회적 풍토에서 신라적 여성정치문화가 발전하였고 여왕의 탄생도 필연적이었다고 본다.

신라 최초의 여왕으로 기록된 선덕여왕은 '여주불능'이라는 비판에 굴하지 않고 국정을 운영하였다. 더욱이 여러 인재의 등용과 엄정한 지도력으로 후세에 신라가 한반도 유일의 국가로 성장케 하는 밑거름이 되었다. 진덕여왕에 이르러서는 외교적 안정을 꾀하여 당나라와의 관계 개선을 통하여 선진문물과 제도를 도입한다. 그로 인해 정부기관이 정비되고 이것은 왕권 강화로 이어져 국내외적으로 신라를 부흥시키는 요인으로 작용하였고 신라 삼국통일의 시금석이 되었다.

후대에 여왕으로 오른 진성여왕에 대해서는 여러 비판이 있지만, 그녀가 남긴 업적으로 앞서 여왕들의 정신을 이었다고 보인다. 특히 재위 말기에는 태자에게 정권을 선양하였으며 또한 진성여왕의 신라 향가집의 편찬은 지금도 경주 일대를 포함한 경상도 지역민들의 창가(唱歌)문화에 직간접의 영향을 미쳤다고 할 수 있다. 그런데도 허약한 신체와 20-30대의 연륜과 경험부족으로 허약한 리더십의 지도자로 각인되었다.

한국과 중국의 여황제

정치리더십은 국가의 목표와 가치를 추구하기 위해 제왕이 추종자들을 유도 조정하여 정치적 역량을 발휘하는 것이다. 우리나라의 대표적 여왕이었던 선덕여왕은 재임 시(632-647) 본인과 백성들에게 가장 중요한 국가적 목표와 가치로 국가안위를 우선으로 삼았다. 당나라의 내정간섭과 주변의 백제와 고구려의 침입에 대해 그녀는 군사력을 강화하였고 결국은 국가를 거뜬히 지켜내었다.

또한 당나라와는 초기의 위기관계에서 교류를 빈번히 하여 16년간 11회의 조공사를 당나라에 파견하였고 관리들을 국자감에 보내 교육을 시켰다. 이러한 빈번한 외교적 활동과 군사적 관계향상은 후임 진덕여왕 때에 '나-당 외교'의 근간을 마련했다. 그런 면에서 선덕여왕은 신라 27대 왕으로 정치권력의 정당성을 부여받고 최초의 여성국왕으로서 훌륭하게 국가를 다스려 전통적 덕치의 정치리더십을 발휘하였다고 평가된다.

반면 무측천은 재임 시기에 따라 목표와 가치가 달랐다. 당나라 태종과 고종의 아내로서는 황실에서 살아남는 것이 최대의 목표였다면, 스스로 주 황제로 건국한 시점에서는 국가 평안과 왕조 유지를 목표로 삼았다. 종합하면 그녀는 막스 베버(Max Weber)의 이상적 리더십인 카리스마적 리더십을 유감없이 발휘하였고 특히 일 잘하는 인재를 중시하는, 현인능사의 카리스마적 정치리더십을 독특하게 발휘하여 중국 전역을 통치하였다.

이처럼 두 여왕의 정치리더십의 공통점을 정리하면 첫째로 국정운영의 지적 보고(知的寶庫)로서 불교를 활용했다는 점이다. 선덕여왕의 여러 사례와 무측천의 불교 진흥에서 보여 주듯이 불교를 통치를 위한 지식과 개인적인 사상으로 삼아 정치를 펼쳤다.

둘째로 인재등용에서 탁월한 리더십을 발휘하였다. 선덕여왕은 신라가 대 국가로 발돋움할 인재로 김유신과 김춘추를 기용하였고 당나라의 무측천은 현인능사의 철학으로 다양한 인재를 구하였다.

마지막으로 선덕여왕과 무측천의 공통점은 여성도 남성

과 같이 최고통치권자로서 국가를 운영하였다는 점이다. 이 공통점은 남성 독무대인 정치무대에서 여성도 국가를 운영할 수 있다는 긍정적 사고와 한중 양국 여성의 정치참여에 자긍심을 높일 수 있게 한다.

반면 다른 점은 인재 등용에 있어 선덕여왕은 인자하고 자비로운 덕과 유연한 리더십으로 신하를 다스렸다. 하지만 무측천은 50년이란 장기간 통치 기간에 다양한 인재를 선발하고 심지어 잔인한 여러 방법과 교육으로 개조시켜 활용하였다.

현대사회는 여전히 형식적 평등과 실제적 평등의 차이가 존재하고 있다. 이런 시점에 선덕여왕이 신라에서, 무측천이 당나라와 주나라에서 실질적으로 발휘해 온 정치리더십은 한중 양국여성들은 물론 현대인들에게 시사하는 바가 크다고 할 수 있다.

현대인들과 여성들 그리고 젊은 세대들에게 신라 세 여왕 및 중국 여황제의 꿈과 리더십이 시사하는 바는 무엇일까? 현대사회에서 여성의 지위는 남녀평등의 기치 아래 제도적, 환경적 여건의 변화로 다소 개선되었다. 그러나 여전히 형식적 평등과 실질적 평등의 차이가 존재하고 있다. 이러한 시점에서 신라 여왕들이 실질적으로 발휘해 온 뛰어난 정치리더십은 후대의 여성들과 젊은 세대들에게 주목을 받으며 시사하는 바가 크다.

무엇보다 신라의 여왕들은 여성만의 특유한 정치문화를 꽃피워 독특한 국정운영을 하였다는 점이다. 여성이 가진 자상함, 모성적 포용력, 부드러운 외교력 등 남성과 비교되는 감성으로 인재 등용은 물론 훌륭한 지도력을 발휘하였고 군사와 외교에서도 그러한 점은 유익한 결과를 가져왔다.

또한, 필자를 포함하여 중국의 여황제 무측천에 대하여 가지고 있는 일반적인 선입견은 '무서운 정치가', '악녀' 혹은 '독한 여성'이었다. 이런 선입견은 당시의 정치 환경과 그녀가 가져다준 발전에 비추어 인식의 변화를 가져야 할 것으로 생각한다.

끝으로 이들 여왕 중 진덕여왕의 일에 대한 끊임없는 열정은 현대여성이 추구하는 모습과 가장 근접한다고 생각된다.

참고문헌

- 『삼국사기』.
- 『삼국유사』.
- 강재철, 「'선덕여왕 지기삼사' 조 설화의 연구」, 단국대학교 동양학연구소, 1991.
- 김기홍, 「한국 최초의 여성 왕 선덕여왕의 리더십」, 『선비문화』, 남명학연구원, 2005.
- 도야마 군지, 박정임 역, 『측천무후』, 도서출판 페이퍼로드, 2006.
- 문경현, 『신라사 연구』, 경북대 출판부, 1983.
- 백승현, 「전환기의 리더십과 플라톤적 정치지도자론」, 1997.
- 이계행 역, 『권력이동』, 한국경제신문사, 1998.
- 이기백, 「신라정치사회사 연구」, 『고황정치학회보』 1권, 일조각, 1993.
  『신라사상사 연구』, 일조각, 1987.
  『한국 고대정치사회사 연구』, 일조각, 1996.
- 이기동, 『신라골품제 사회와 화랑도』, 일조각, 1993.
- 이배용, 『한국 역사속의 여성들』, 도서출판 어진이, 2001.
- 이범준 · 신승권 공저, 『정치학』, 박영사, 1988.
- 이종욱, 『신라상대 왕위계승연구』, 영남대 민족문화연구소.
- 이홍구, 「영웅의 독재와 성웅의 저항: 나폴레옹 탄생 200주년과 간디 탄생 100주를 맞아」, 『이홍구 문집 1: 인간화와 정치』, 나남, 1996.
- 임경빈, 「신라 진덕여왕대의 정치개혁－무열왕의 즉위와 관련하여」, 『북악사론』, 북악 사악회, 1993.
- 조범환, 『우리 여왕의 역사들』, 책세상, 2000.
- 신복룡, 「한국의 지역감정의 역사적 배경」, 한국정치학회 하계학술대회, 1996.
- 신형식, 『삼국사기연구』, 일조각, 1981.

• 정윤재, 「현대정치학과 정치리더십」, 한국정치학회 월례학술회의, 1997.

• 정윤재, 「정치리더십과 민주주의의 제도화: 한국정치에 대한 리더십적 비판과 처방」, 『한국정치외교사논총』, 제21기 2호, 1998.
「전두환 대통령의 정치리더십 분석」, 『정치. 정보 연구』 제3권, 2000.

• 정용숙, 「신라의 여왕들」, 『한국사 시민강좌 제15집』, 일조각, 1994.

• 추만호, 「나말선사들과 사회제 세력과의 관계-진성여왕대의 농민반란에 주목하여」, 역사학연구회 사총, 1986.

• 하영애, 「신라 세 여왕의 왕위계승과 정치리더십 연구」, 한국정치학회 하계학술세미나 발표논문, 2006.
「신라시대 선덕, 진덕, 진성여왕의 정치리더십 비교연구」, 『한국시민윤리학회보』, 제21집, 2호, 2008.
「진덕여왕의 정치리더십 연구」, 『중국을 생각한다』, (주)한국학술정보, 2017.
『한중사회 속 여성리더: 선덕과 측천은 어떻게 달랐나』 (주)한국학술정보, 2016.

• 則天皇后, 『舊唐書』, 卷6. 第6, 則天皇后. 中華書局, 1975.

• 楊家駱 主編, 中國學術類編, 『舊 唐書』 二, 鼎文書局印行, 1968.

• 黃光任, 『大唐盛世 唐武則天』,(陳忠實 主編), 陝西旅遊歷史文化叢書, 三秦出版社, 2003.

• 劉禕之傳, 『舊唐書』, 卷87. 列傳 第37 劉禕之傳, 中華書局, 1975.

• 劉連銀 編著, 『武則天傳』, 長江文藝出版社, 2005.

• 孫廣德 著, 河暎愛 譯, 「中國君臣民理論」, 『中國研究』 제26집, 韓國中國學會 발행, 1984.

• 河暎愛, 「韓國新羅時代三位女王的統治与女性傳統文化」, 北京第4次 世界女性大會[女性与傳統文化] 發表論文, 1995.

- Almond, G.A. and G.B. Powell, Jr., *Comparative Politics: System, Process and Policy,* Little Brown, 1978.
- Blondel, Jean. *Political Leadership : Towards a General Analysis.* Sage Publications, 1987.
- Burns, James M. *Leadership.* Harper & Row, 1978.
- Easton, David. *A Framework for Political Analysis,* Prentice-Hall, 1965.
- House, R. J. "A Therory of Charistmatic Leadership." J. G. Hunt and L. L. Larson (eds.). *Leadership.* Southern Illinois University Press, 1977.
- Kotter, J. P. *The Leadership Factor,* Free Press, 1988.
- Hook, Sidney. *The Hero in History,* Humanity Press, 1943.
- Huntington, Samuel P. *Political Order in Changing Societies,* Yale University Press, 1969.
- Sheffer, Gabriel. ed. *Innovative Leadership in International Politics.* State University of New York Press, 1993.
- Weber, M. *The Essentials of Bureaucratic Organization: An Ideal Type Construction,* in Leader in Bureaucracy. Free Press, 1952.
- Takestugu, Tsurutani. *The Politics of Development: Political Leadership in Transitional Societies.* Chandler Publishing Co, 1973.